如何培养孩子的

自控能力

潘鸿生◎编著

RUHE PEIYANG HAIZI DE

ZIKONG

NENGLI

北方联合出版传媒（集团）股份有限公司

万卷出版公司

图书在版编目（CIP）数据

如何培养孩子的自控能力 / 潘鸿生编著 . -- 沈阳：
万卷出版公司 , 2021.11
ISBN 978-7-5470-5693-6

Ⅰ . ①如… Ⅱ . ①潘… Ⅲ . ①自我控制—能力培养—
家庭教育 Ⅳ . ① G78

中国版本图书馆 CIP 数据核字（2021）第 153417 号

出 品 人：王维良
出版发行：北方联合出版传媒（集团）股份有限公司
　　　　　万卷出版公司
　　　　　（地址：沈阳市和平区十一纬路 25 号　邮编：110003）
印 刷 者：永清县晔盛亚胶印有限公司
经 销 者：全国新书华店
幅面尺寸：170mm×230mm
字　　数：170 千字
印　　张：16
出版时间：2021 年 11 月第 1 版
印刷时间：2021 年 11 月第 1 次印刷
责任编辑：李　坪
责任校对：张兰华
ISBN 978-7-5470-5693-6
定　　价：45.00 元
联系电话：024-23284442

前　言

所谓自控力，简单来说，就是一种控制和约束自己情绪和行为的能力。它是一种非常宝贵的品质，直接影响着孩子未来的生活，关乎到孩子人生的成败。

2011年，美国一项关于儿童自控力的研究公布其结果，这项研究覆盖1000名儿童，从出生一直追踪到32岁，该研究的结果表明：自控力影响着孩子的学习和社交能力。自控力强的孩子更具有合作精神，他们在学习和生活中更容易获得别人的认可与友谊。他们更喜欢上学，更能适应集体生活，更能理解别人、与他人友好相处，更容易获得老师和同学的喜爱及夸奖。

数年之后，这些孩子在学业、家庭生活、社交能力、应对困难、应对压力等方面均表现得游刃有余，他们的综合能力很强，更容易适应不同环境，从而获得更多的机会，在学习上、事业上取得更多的成功。

由此可见，自控力是孩子成长中必不可少的重要品质，那些善于调控自己情绪和行为的孩子，拥有更好的心理健康水平和更大的未来成功的希望。

　　著名心理学家鲍迈斯特曾指出：自控力是至关重要的一个力量，是人生成功的一个关键。但从现实和目前的教育状况来看，现在的孩子普遍缺乏自控力——动辄发火，不听家长的话，没有合作精神，不体贴人，不守规则，自私任性，不能忍耐和坚持，没有共鸣能力，容易厌倦，没有干劲，缺乏自我抑制力，也就是说不能抑制自己的感情——这些都是缺乏自控力孩子的共同特征。所以，从现在开始，家长应注意培养孩子的自控力，这不仅对眼下的学习生活大有裨益，也能帮助他们在未来的工作生活中奠定一个良好的基础。

　　自我控制能力的发展对于个人形成良好的性格极为重要。大量研究结果表明，自我控制能力并非生来就有，它是孩子在后天的环境中，随着认知的发展和教育的影响而不断形成和发展起来的。如果目前孩子的自控力较差，是完全可以通过后天有针对性的教育和训练得到提升的。

　　本书结合孩子的性格特点，围绕孩子自控力如何培养的问题，从培养孩子的性格、习惯、意志、行为、情绪等几个方面讲起，让孩子拥有良好的自控力和自我管理能力。这样，孩子就能把握好自己的学习与生活，为将来成为一个成功人士而奠定基础。

　　自控力强大，孩子才能成为自己的主人，才能拥有更好的未来。如果孩子教育失败了，就算拥有全世界又能如何？家长朋友们，你们还在等什么呢？

　　请跟随本书的引领，以身作则，帮助孩子把自控、自制的良好品质融入到日常的一言一行当中去，相信您的努力和付出一定能够换来孩子的锦绣前程。

目　录

第一章　沟通法则：要想孩子不失控，家长首先要自控

第二章 性格培养：用好性格控制人生

第三章 习惯养成：把自控基因植入孩子的生活里

第四章　磨炼意志：让孩子成为一个内心强大的人

第五章　拥抱健康：健康的生活就是自控练习

第六章　行为准则：让孩子管好自己的行为

第七章　改变心态：战胜弱点，自控力由"心"而来

第八章　情绪管理：控制好情绪，才能控制好人生

第一章
沟通法则：
要想孩子不失控，
家长首先要自控

沟通之前，父母先要控制好情绪

父母是孩子出生之后最先接触到的人，对孩子的影响绝对是一辈子。你控制自己情绪的样子，就是孩子日后控制情绪的方式。

孩子的不良情绪其实与父母的影响是分不开的。家长的言行举止会在无形中影响孩子的成长，孩子会以父母为榜样，并会在他们的学习生活中做出与父母类似的行为。一些父母自己的脾气比较暴躁，对待孩子也不能克制，动不动就对孩子大吼大叫，大加责骂。在这种环境下，孩子耳濡目染，自然也就会变得缺乏耐心、浮躁、脾气暴躁。长此以往，缺乏家长的正确引导，孩子就很难拥有良好的自控能力，最后导致随时随地发脾气成为一种常态，且不能轻易地改正。

刘浩在做作业，遇到难题向妈妈求助，妈妈看了看题，觉得非常简单，心想，这孩子肯定上课没专心听。于是对刘浩说："你自己再好好动动脑筋，那么简单的题都不会做。" 刘浩听完后，皱着眉头，手里玩着笔，也不看题目。妈妈觉得刘浩的懒劲儿又上来了，感觉有火气在内心游动，但还是想让刘浩把难题弄懂，于是压住心中怒火，严肃地对刘浩说："你把题目再读一遍。" 刘浩不乐意了，嘴里哼哼唧唧的就是不读。这一下妈妈的火气终于爆发了："你这孩子，那么懒，也不会自己动动脑筋，教你你还不愿意学。看你以后能有啥出息？" 刘浩顶嘴："我不要你教了，我从此即便不会做，也不再问你了。"怒火中的妈妈抬手给了孩子一巴掌。妈妈的怒火同时也点燃了孩子的惊恐、委屈与愤怒，于是刘浩放声大哭。坏情绪相互影响，把妈妈的怒火推到了极点，她抓起刘浩的作业本，用力撕得粉碎，然后把纸屑碎片扔得满屋都是。刘浩被吓呆了，妈妈也对自己的举动感到不可思议。第二天，刘浩红肿着双眼去上学，不会做的题目依然不会，而且没能完成作业。妈妈一夜没睡着，她十分后悔。

刘浩的情况是家教中的普遍现象，家长教育孩子时常犯情绪化的毛病，不能理智地、始终如一地教育孩子。有时孩子甚至无过错，或者问题微不足道，家长却把生活、工作、学习中积聚的情绪，无端地发泄在孩子身上，迁怒于孩子，孩子成了家长的出气筒，这对孩子的伤害就更大了。

"你看看你，读一、二年级时还是全班前十名，从三年级开始成绩就一落千丈，期中考试居然落到了全班中游……"一位母亲用食指点着孩子的脑门儿，"我为了你的学习，还向单位请了三个月长假，妈妈辛辛苦苦辅导你换来了什么？！居然换来了你数学考了倒数第一，难道我们真的生了你这么一个笨儿子？！"孩子坐在妈妈的旁边一声不吭，一副若无其事的样子，偶尔用眼球白妈妈一眼。"你看看，还不服气，早知道在生你的时候就把你送给收破烂的……"这位母亲越说越来气，就差伸手打孩子耳光了。

在家庭教育过程中，家长的头号大敌就是难以控制自己的情绪，对孩子生气发火，教育方式简单粗暴。这样，父母不仅无法帮助孩子纠正自己的行为，反而会使孩子在生理、心理上产生消极的应激状态，比如消化受阻、意识范围缩小、认识机能下降、言语行为紊乱等，身心健康受到严重影响。所以，要想帮助孩子改正错误，避免对抗，父母要学会控制自己的情绪。

控制情绪，并不是要父母压抑或掩饰自己的情绪，而是要尽量避免或减少因自己的不良情绪而产生的不适当的教养行为。但是怎么有效地控制直接情绪呢？你可以试着朝以下几个方向调整自己，相信会有很不一样的改变。

1.控制好自己的情绪

情绪在亲子关系中扮演着很重要的角色。父母的不良情绪会传染孩子，不但不能解决问题，反而会激化矛盾，使家庭关系紧张，不利于孩子心理健康成长。相反，父母的良好情绪状态有利于建立良好的亲子关系，使父母对孩子的教育更为顺利。所以，想教育好孩子，改变孩子的不良行为，父母首先要调整自己的一些负面情绪。

小丽是一个活泼开朗的小女孩。可刚上小学的时候，她却不爱听课，也不喜欢学习，老师批评也不能让她有些许的改变。更严重的是，她有时候还会在课堂上大喊大闹，影响课堂纪律。这些都让好强的妈妈十分失望。

回到家后，妈妈开始辅导小丽做作业，可是小丽却要看动画书，妈妈不许她看，她就哭。妈妈十分生气，一怒之下冲小丽喊道："动画书有什么好看的？你就不能好好写作业吗？你再不写作业，我就把你的动画书全扔了！"

小丽被妈妈发脾气的样子吓到了，就一直在哭。后来爸爸回来了，他先劝妈妈不要生气，然后就耐心地问小丽为什么不愿做作业，在这一过程中，爸爸一直都是平心静气的。小丽因为爸爸的安慰，止住了哭声，并且开始做作业了。

自从这件事后，妈妈不断反省自己，同时也阅读了一些关于家庭教育的书籍。她最后终于找到了问题的症结所在：教育孩子时的情绪不对，没有用正确的态度和方法对待教育孩子这件事情。

找到了问题所在之后，妈妈就开始调整自己的情绪，尽量让自己变得平和，并且在心中提醒自己："先控制情绪，再教育孩子。我只有在平和的心态下，才能够采用最好的教育策略，有效控制我的情绪，孩子才能听我的话。"

从此以后，每当小丽有了进步，妈妈就会夸她。而当小丽因为调皮而犯错时，妈妈也会心平气和地与她沟通。有了这种平和的心态之后，妈妈教育小丽也更加得心应手了，而小丽也变得十分听妈妈的话，也不会乱发脾气、不写作业了。

在教育孩子时，父母一定要控制好自己的情绪，只有把精力用在控制自己的情绪和行为上，我们才有能力教育好自己的孩子。当情绪不好的时候，父母最好想办法先冷静下来，不要跟孩子面对面，因为心情不好的时候，家长很容易对着孩子胡乱发脾气。

2.父母要学会表达自己

面对各样的压力、挫折，很难没有情绪，父母应学习心平气和地表达自己的情绪，而不伤害孩子。例如，孩子缠着你高谈阔论，你一直想告诉他你很累需要休息、希望他安静，但是似乎他怎么讲都不听，于是他说什么你都不回答，偶尔还用厌恶愤恨的眼神看着他，这是消极的表达方式。

你也可以比较积极地告诉他，"我现在很累，如果你一直讲话会让我没办法休息，请你安静一下。一会儿再陪你讲故事好吗？"这样孩子就不会认为你是在故意推辞了。

当你心情不好时你可以直截了当地对孩子说：爸爸现在心里很不好受，所以不想说话，让我一个人静静地坐一会儿好吗？这样孩子就不会认为你是在故意冷淡他了。

小丽的妈妈经常会在电脑上敲一些重要的文件。但5岁的小丽正好是顽皮的年龄，一段时间里，她对妈妈电脑的主机很是着迷。而且，她经常在妈妈还工作的时候就过来按一下主机按钮，然后直接导致妈妈的工作前功尽弃。

有一次，妈妈在草拟一个很重要的文件，眼看着就要完成了，但小丽过来就给"关"了机。妈妈当时只是站起身，穿好衣服，装作出门的样子，并对小丽说："妈妈没法工作了，我要走了。"小丽一看妈妈要走，很是失望，于是她抱住妈妈的腿不让妈妈走。后来，妈妈再写东西的时候，女儿再也不来捣乱了，她说：如果她捣乱妈妈就走了。

你看，学会表达自己，不冲着孩子大发雷霆，其实也一样能将事情处理好。

3.不要把坏情绪带回家

父母应学会调整自己的心态及情绪，一定不要把家庭以外的不良情绪带入家庭中来，应努力将遇到的麻烦妥善地处理解决。要明白向家人及孩子倾诉没有任何意义，反而会破坏大家的情绪。

李女士是某公司的销售经理。一天下午，李女士和客户发生了争执，面对盛气凌人的客户，她实在忍不住与对方在大庭广众之下争吵起来。回家后，她尽量克制自己，希望不要将这种不良情绪带给儿子和老公，在公司发生的事情她只字未提，但随后发生的事情还是将她的火气"点"了起来。吃晚饭时，老公埋怨菜咸，吃完饭碗也不洗就和儿子玩跳棋。在她收拾完家务后，家里的玩具丢得到处都是，到了睡觉时间儿子怎么也不愿意去睡，她叫了很多次，儿子像没有听到一样，就是不去睡觉……李女士当时再也忍不住了，想到自己在外面受那么多气都是为了这个家，可儿子一点都不体贴自己，竟然这么不听话，拿着衣架，对着儿子屁股就使劲打了起来，儿子没有见过妈妈发这么大的火，吓得大哭。平静下来后，想到儿子哭得那么伤心，李女士非常难过：因为自己心里不舒服，却将这种负面情绪影响到家人。

生活中的确有苦恼，但我们却不能把苦恼全部转移到家人的身上。当你工作了一天，打开家门的时候，就应该把工作中的不快乐拒之门外，带一份好心情回家。如果下班后还没有调节好心情，就先别急着回家，不妨在周围散散步，到热闹或清静的地方转一会儿，或者静思一下，听一段音乐，等心情平和了再回家。

别用命令的语气与孩子沟通

生活中，我们常常听到家长会对孩子这样说话："吃饭的时候不许说话！""别玩游戏了，赶快去睡觉！""不知道玩手机会坏眼睛吗？还玩手机！""赶快做完作业！""以后不要和某某玩"……很多家长都很习惯用这种命令的口吻来对孩子说话，可是作为家长有没有思考过这样说话是否合适呢？这种语气在孩子小的时候还算行得通，但随着孩子的人格独立性不断增强，这样沟通的结果是孩子越来越不听话。

苏联教育家巴班斯基曾经说过："父母经常用命令的口气对孩子说话，叫孩子做事，会使孩子产生逆反心理，很难收到预期的教育效果。而一直在命令中做事的孩子，会缺乏主动性，容易形成懦弱的性格，不利于孩子的成长。"可是在我国，只要是有孩子的地方，就可以听到父母命令式的表达。在很多家长的意识中，孩子什么都不懂，做家长的管教孩子是理所当然的。他们认为，对孩子发号施令是做父母的权利，孩子还小，需要父母给他们指示和命令。有的家长还会为了维护自己作为父母的威信，刻意去塑造一个高高在上的家长形象，对孩子的口气也是命令式的。

李敏和父母的关系一直都不好。

在父母眼里，李敏是一个不听话的孩子，家长让她做什么，她总是对着干；而李敏也不喜欢爸爸妈妈，因为他们太不尊重自己，总是用命令的口气让自己做事情，从不征求她的意见，更别提会和自己商量了。

一个周末，李敏在专心地练习画画，可是妈妈却命令她："李敏，去帮妈妈买一瓶酱油。"李敏十分不情愿，她说："妈妈，我在画画。"妈妈严厉地对她说："我让你帮我买一瓶酱油，你没有听见吗？你不想吃饭了吗？"

李敏对妈妈说："妈妈，我正在画画，还有一点儿就画完了，你先让我画完吧。"看到女儿这么不听话，妈妈生气了："画画能当饭吃？你这孩子怎么这么不听话呢！"说着，妈妈拿起李敏的画笔，扔到了地上，并命令李敏："去帮我买酱油！"

李敏看着扔到地上的画笔，听到妈妈命令的声音，伤心且生气地对妈妈说："今天我就不去买酱油。我不吃饭了还不行吗！"说完，她哭着跑进了自己的房间。

从上面这个事例可以看出，命令孩子做事不是一个可取之法，这往往会导致孩子的逆反心理，不但收不到好的教育效果，反而会适得其反。因此，父母的态度尤为重要，父母的教子方式更是严忌命令式的指示。

英国著名教育家、哲学家赫伯特·斯宾塞说："对孩子要少下命令，命令只有在其他方式不适用或失败时才用。所以父母不管要求孩子做什么事情，一定要注意用商量的口吻，而不要用命令的口吻。父母与孩子之间应该是商量，而不是命令，也不应该是命令。"随着孩子年岁的增长，子女在喜好和兴趣，甚至交友诸方面看法都会与父母有分歧。这时父母对子女的一些喜爱与兴趣绝不能简单地禁止。而应在充分尊重的前提下与子女商量，以求得共识或找出正确解决的途径。美国成功学家卡耐基说过，用"建议"，而不下"命令"，不但能维持对方的自尊，而且能使他乐于改正错误，并与你合作。

玲玲是一个很有"个性"的小女孩，她最不喜欢别人让她做她不喜欢的事情，经常是越让她做她就越不做。渐渐地，妈妈察觉到了玲玲的脾气，也就不再用强硬的态度和语气与孩子说话了。

一次，玲玲放学回家后，不写作业，却一直看动画片。玲玲妈妈就对玲玲说："宝贝，咱们先写作业好不好？等作业写完了，再看电视，你觉得怎么样？"

玲玲想了想，觉得妈妈并没有责备自己的意思，就说："我现在就去写作业。写完作业后，我还要预习明天的功课呢！等预习完功课，我再看动画片。"

玲玲妈妈看到女儿放学回家不马上写作业的不良习惯后，并没有声色俱厉地指责玲玲，也没有命令玲玲必须马上去写作业，而是和玲玲商量，向玲玲提出建议，然后让玲玲自己判断、决定怎么做。对待孩子时，我们要学习玲玲妈妈的做法，多和孩子商量，让孩子感受到父母对自己的尊重和友好，从而不再与父母对抗。

事实证明，父母要求孩子做某事时，若改命令式为商量式，效果就会大不一样。命令是不平等的，而商量则体现了父母与孩子之间是平等关系。在平等的前提下，孩子更容易与父母建立良好的亲子关系，更容易接受父母的要求和教导。比如，如果父母想请孩子帮忙做什么事情，比如把"去把地扫了"改为"宝贝，妈妈累了，你能把地扫了吗？"第一种方式虽然孩子也会把地扫了，但一定是嘟着嘴，满脸怨言，扫的时候也会东一划拉、西一划拉，跟没扫一样；而第二种，孩子觉得是在帮妈妈，反而会很高兴地、积极地把地扫了，而且肯定还很仔细、很干净。所以，父母们不妨把命令式改为商量式，让孩子体会到被尊重的感觉，也会心甘情愿地去做事。

孩子是一个独立的个体，有自己的想法，也有强烈的自尊。他们希望父母能够平等地对待自己，不愿意听到父母命令自己的口气，更不喜欢父母强迫自己的行为。家长应了解孩子的这种心理，改变居高临下的教育方式，用平等、友善的态度与孩子交流思想，在语言上要变命令式口吻为商量式口吻。

1.放下权威至上的观念

不少家长都在抱怨孩子越大越不听话。可我们有没有想过孩子为什么不听话？我们又为什么一定要让孩子听话？其实很多时候是源于自己错误的权威欲——不容孩子质疑、不容孩子反抗的权威欲。

很多教育学者认为，这种权威式教育，是对孩子积极性最大的打击。父母把自己的意志强加给孩子，会使孩子逃离父母，不愿与父母交流。反之，如果父母尊重孩子，理解、听取孩子的合理主张，孩子也会从父母的言行中学会如何说话，如何做事，进而自然愿意听取父母的意见和建议了。

郭涛一直都认为自己是一个非常幸运的孩子，因为他从小是在充满尊重的家庭氛围中成长的。

郭涛的爸爸妈妈都是知识分子，了解很多比较先进的教育理念，并且在教育儿子的过程中也很注重用这些新理念来教育孩子。他们和郭涛说话的时候，从不用命令的口气，即使针对郭涛的缺点或者一些错误，也总是用温和的方式劝他改进，从不会用盛气凌人的态度教训他。

在这种家庭环境下成长，郭涛和爸爸妈妈的关系一直都很好，自己的小秘密也会和他们分享。初三上学期的时候，郭涛喜欢上了班里的一个女生，他想向那个女生表白，可是又怕被拒绝，因此在学习上有些分心。

后来，郭涛向爸爸诉说了自己的小秘密，向爸爸征求意见。听完郭涛的话，爸爸并没像有些家长那样对孩子横加指责，而是向郭涛讲述了自己的经历，并建议他把这份好感密封在心里，好好学习，等将来长大了再向那个女孩儿表白。

郭涛觉得爸爸说得有道理，便调整好心态，集中精力专心学习了。

孩子渴望在平等、尊重的基础上沟通，如果你想让孩子做什么，不想让孩子做什么，就要把自己和孩子放在平等的位置上，像朋友一样，一起商量，分析利弊，最后让孩子自己拿主意。这样孩子不仅不会反抗，还感觉不到被命令的不悦，反而会在商量的气氛中感觉自己正在长大，逐渐有了自己的主见。这时大部分孩子都会愉快地采纳父母的建议。所以，只有父母转变姿态，不用命令的口气跟孩子说话，才有可能让孩子感受到平等。

2.凡事多征求孩子的意见

在家里，家长不要事事决断，要求一切听你安排。这样时间长了，会养成孩子"依赖"的坏习惯。家长应该把孩子当成"朋友"，遇到事情，多与孩子商量，听听孩子的意见。

　　林婷是一个听话懂事的好孩子，这和她的父母教子有方有很大的关系。林婷虽然只是一个小学四年级的学生，但父母遇事总是征求她的意见，凡事和她商量后才会决定。

　　一次，林婷的奶奶生病了，妈妈想去奶奶家照顾老人一段时间，但又担心自己走了，林婷父女俩的生活不能自理。于是，妈妈便和林婷商量这件事情，征求她的意见。

　　林婷明白，妈妈好几天不在家，而爸爸只会做一些简单的饭菜，有时还经常加班，因此自己的伙食肯定会降低档次。但是，一想到奶奶在病床上需要有人照料，林婷便同意让妈妈去照顾奶奶。由于妈妈事先和自己商量了，因此妈妈不在家的那段时间，林婷从没有抱怨过，有时还会帮爸爸做饭。

　　在爸爸妈妈的教育下，林婷变得更加通情达理了，成了一个人见人夸的好孩子。

　　孩子也是家庭的一员。家庭中不管遇到什么事情，尤其是和孩子密切相关的事情时，父母都不要自作主张，都应该和孩子商量一下，征求孩子的意见，取得孩子的理解和认同。父母遇事经常和孩子商量，是对孩子的一种赏识和尊重。

　　生活中，父母和孩子尽量保持一种平等的地位，遇事要征求孩子的意见。喜欢与孩子协商的父母是好的父母。在这样的家庭氛围中，孩子渐渐养成了协商的习惯，愿意主动与父母进行沟通，这样的亲子关系是非常令人羡慕的。

父母越唠叨，孩子越失控

在家庭教育中，有一种常见的现象，那就是父母对孩子不断地叮嘱，不断地提醒，不断地督促。对一件事情，有时父母会重复好几次，特别是做母亲的，唯恐孩子不明白，不按自己的意思去做，这就是人们常说的"唠叨"。对于大部分的孩子来说，他们所不愿听的、反感的，正是父母的唠叨。他们越不愿听，父母就越不放心，反而加倍地唠叨起来，这就成了恶性循环。这种把嘴巴紧紧"叮"在孩子身上的情况，在家庭生活中特别普遍。

美国一家全球知名的教育咨询机构曾做过一个调查，结果发现90%的学生认为父母一点都不能理解自己，因为他们觉得父母平时只知道唠叨，内容也是千篇一律，没有一句话是能够帮助自己解决所面临的困难的，甚至还凭空让自己生出许多烦恼。在这次调查中，孩子便想出应付办法：一是不到最后时限不回家；二是回家就往自己的小屋里钻，将门锁上，用房门来阻断与家长的联系，不跟父母说话。

父母和孩子之间的沟通困难，很大程度上是父母没完没了的唠叨导致的。就像一位多年研究家庭问题的教育专家所说的："唠唠叨叨是母亲教育孩子的主要方式，但并不是最有效的、最好的方式。"

晓光是小学二年级的学生。他平时最讨厌的就是妈妈的唠叨声，他家的早晨每天都是这样的情景：妈妈早早地起来，一边收拾房间，一边为晓光准备早餐。6:30，牛奶、鸡蛋、面包准时端上桌，妈妈就开始一遍一遍地叫晓光起床。不知妈妈叫了多少遍，一直到快7:00了，晓光才懒洋洋地起来，胡乱刷刷牙，抹两把脸，然后坐到饭桌前用最快的速度对付着这顿早餐。这时，妈妈在为他叠被子，收拾凌乱的衣服、物品，嘴里还不停地唠叨着："看看你，老是把东西弄得乱七八糟，让人跟在你屁股后面收拾。每天让你起床都得喊破嗓子才动，早饭都凉了吧？总吃凉饭，还这么狼吞虎咽的，胃要坏的，天天跟你说也没用。要是妈妈一叫你你就早点起来，不是就不用这么紧张，也不会老是迟到挨批评了……"

晓光对妈妈的话充耳不闻，只顾把吃的、喝的填进肚子，用手背抹抹嘴，抓起妈妈早已经为他放到客厅沙发上的书包，转身就往外走。妈妈追在晓光的身后喊着："你着什么急呀？就吃这么几口呀？一上午的课呢，会饿的。哎，上学的东西都带齐了吗？别又落点儿什么，每天都得让人提醒，你这孩子，真不让人省心啊……"

父母认为孩子不听管教，孩子觉得父母很唠叨，这样无止境的家庭角力经常在生活中上演，那么会造成什么样的影响呢？

其实，很多父母喜欢唠叨孩子，本意是对孩子的成长进行督促，但这也是一种变相的施压，利用孩子的弱点和父母的权威对孩子施加无形的压力，往往收效甚微，甚至适得其反，使孩子产生厌烦情绪。如果父母总是喋喋不休地数落孩子的缺点，反反复复地教训孩子，他们会将此视为不信任，甚至产生逆反心理。如果孩子一直生活在这种唠叨的环境里，长大后也很难形成良好的个性。所以，唠叨不但不能达到目的，还会给孩子带来伤害。

雨涵家里经常出现这样的情景：

妈妈经常对雨涵说："乖女儿，妈妈什么都不要，只要你快乐成长。"可是，雨涵却这样回答妈妈："妈妈，你整天像盯贼似的盯着我，不许我看电视，又不许我找朋友玩，只许我好好学习，考个好成绩。这样，我怎么能快乐起来呢？"

爸爸也经常抱怨雨涵是一个不听话的孩子："你看别人家的孩子都很听家长的话，可是你呢？我给你说的话你经常当耳边风，我教育你，你要么不说话一副爱理不理的样子，要么干脆回到自己的房间，真让人生气！"雨涵对爸爸也非常不满意：爸爸经常唠叨，像个家庭主妇似的，一些小事他总是翻来覆去地说，真让人受不了。爸爸这样教育我，我怎么有耐心听下去呢？

其实，雨涵也有自己的烦恼，她想和爸爸妈妈说说心里话的时候，他们总说："忙，没时间。"可是，对于生活中一点点小事，爸爸妈妈却能长篇大论地教育她很长时间，久而久之，她就变得叛逆了，在爸爸妈妈眼里也成了一个不听话的孩子。

对于孩子的教育，唠唠叨叨只会令孩子讨厌，老调重弹不会起到任何教育作用。每一个家长都是爱孩子的，每一个家长对于孩子的成长、教育都付出了巨大的努力。但是由于无休止的唠叨，使得自己的教育不仅没有效果反而产生了负面效应，引起了孩子的反感，这样的事情是可悲的。

心理专家认为，唠叨就是永远一个标准，一种腔调，在孩子身上翻来覆去地重复那几句话。老调重弹，反反复复说同样的话，会让人产生一种习惯性的模糊听觉，也就是明明在听，却根本不入心里去。所以，做父母的，不要老是只怪孩子不听话，也该静下心来想想，自己是否真的太唠叨了。

家庭教育是一门科学，无休止的唠叨只会增添孩子的反感和逆反心理，父母只有设身处地为孩子想想，与孩子心平气和地交流，才会成为孩子最喜欢的人。

1.说话要适可而止

方敏向老同学诉苦："现在这孩子真不好管。嘴皮都快磨破了，就是不听。"

"可不是嘛。每天从睁眼说到闭眼。你都怎么说啊？"

"能怎么说啊？无非是'上课注意听讲''别走神，要不跟不上老师讲的'之类的。反正在每天早上上学时说，千叮咛万嘱咐；每天放学回家问，告诉他注意听讲有多重要。我们该说的都说了，按说他也应明白这些道理啊，可就是不管用。现在你还没说几句呢，他倒烦了，嫌我们唠叨。"

你说气人不？"方敏越说越有气。

"可不是嘛，我家那孩子更是，你还没张嘴，他就往他房间里一躲，用耳机把耳朵一塞，理都不理你。真想揍他一顿。"

两个母亲互相诉着苦。

上例中两位母亲可以说是自找苦吃。事实上，搞多次重复教育，一件事早上说了，晚上又说，今天说了明天又是一遍，而且翻来覆去就这么一件小事。事实上，不厌其烦地给予相同的刺激，无形中就会使孩子对此逐渐习惯。时间一长，不但对孩子起不到应有的教育作用，还会引起孩子的讨厌和不满，甚至是不屑理会，这样唠叨就成了家长的"独角戏"。

父母教育孩子时，话不要多说，说一两遍就够。语气要坚决，声音要洪亮，点到为止，如果孩子不听，就采取行动，或者后果让他自负。比如，限制孩子看电视，你可以先给孩子约定时间，告诉他，时间到了就不许再看了。"我只说一遍，不然采取行动。"这样，等孩子看了一段时间后，你就走过来提醒：孩子，你看，时间到了。如果孩子自觉关机最好，如果说了没听，家长可以说，刚才我说了，我只说一遍，说了一遍没反应，对不起，我要替你关机了。这样的处理方式比较容易让孩子接受，会形成孩子的自觉性，并锻炼孩子的控制力。

2.不要只盯着孩子的缺点不放

有些父母眼睛总是盯着孩子的缺点，翻来覆去地只讲缺点，不提进步。其实，绝大多数孩子已能分辨是非善恶，只是缺少改正缺点的自觉性和毅力。如果父母总是喋喋不休地数落孩子的缺点，反反复复地教训孩子，"我讲话你就是不听"，"怎么说你才能改呢"，父母这样的态度，孩子会视为不信任，甚至产生逆反心理。

3.变唠叨为交流

唠叨，其实是不懂交流的表现。因此，父母就要改变与孩子说话的方式，注意和孩子的情感交流。和孩子交流时，我们要顾及孩子的感受，多倾听他的想法，让他感觉到我们是与他在一起的，是相信他、支持他的，是真心为他着想的。我们要充满爱心和亲切感，态度和蔼，在孩子情绪最为平稳的时候交流效果最佳。

4.掌握批评的分寸

家长对孩子的批评不能超过限度，应对孩子"犯一次错，只批评一次"。如果非要再次批评那也不要简单地重复，要换个角度、换种说法。这样，孩子才不会觉得同样的错误被"揪住不放"，厌烦心理、逆反心理也会随之减低。

5.就事论事，不翻旧账

当孩子犯错误时，不少父母总是喜欢翻孩子旧账，陈芝麻烂谷子的事都会翻出来说个没完。每次都是越说越激动，越激动越来气，越来气就会说得越多，说得越多也就越唠叨。其实，孩子在生活中犯一些错是正常的事，犯错误是孩子的权利，孩子就是在不断地改正错误的过程中成长起来的。对于孩子犯的错误，家长应当就事论事，犯的什么错就说什么错，哪次犯的错就说哪次的错，联想太丰富了只能让孩子觉得你太烦人、太唠叨。

学会倾听孩子的心声很重要

在成年人的世界里，有一种特别受大家欢迎的人，他们在听对方谈话时，无论对方的地位怎样，总是细心、耐心地专注地倾听，说者自然也就感觉畅快淋漓，受到重视。同样的道理，如果你想让孩子喜欢上你，你就要具备主动倾听的意识。

美国教育家老卡尔·威特说过："我在教育卡尔的过程中，渐渐掌握了一些与孩子进行沟通的经验，其中之一我称为'倾听的艺术'。"人的思想往往需要通过语言表达出来，如果你不愿意倾听孩子的心声，你怎么可能全面地了解孩子呢，不了解孩子，与孩子沟通时就会更显得费劲。所以，只有用心倾听孩子的心声，才能捕捉到有效信息，找准教育的切入点。

　　倾听，是家长对孩子的一种态度。倾听是尊重孩子，是接纳孩子。对孩子来说，随时有人倾听自己、关注自己，这是一种心理上最大的支持；把自己心中的烦恼表达出来并且确知不会得到嘲笑，这更是对问题的一种再认和净化。孩子心中的烦恼就像一场暴雨后的水库，父母的倾听就像是打开了一道闸门，让孩子心中的洪水缓缓流进父母那宽阔的胸膛。

　　心理学家认为，处于成长期的儿童，明辨是非的能力虽不是很强，但也有他们独特的思维方式。主动倾听孩子倾诉，父母不仅可以走进孩子的心灵，而且能帮助孩子提高认识问题的能力。

　　小强上小学三年级的时候，和妈妈讲话时，态度很不好，比如说有一天小强放学回家，妈妈问他："你到哪去了？怎么晚了一个多钟头？"小强说："我和同学一起到张亮家玩。"妈妈很生气地说："你知不知道，我很担心！以后放学后就回家做功课，不要到处去野！"小强听了脸色很难看，然后不理妈妈就回房间去了。

　　开始妈妈认为自己说的话和语气不好，但是妈妈发现小强愈大愈不听话，就开始担心小强现在有许多话不跟自己说，将来会发生什么问题。于是妈妈就去翻阅相关的书籍，终于让妈妈找到一个"药方"：多倾听孩子的诉说。

　　从此小强妈妈不再对小强的言行做价值判断，即使当小强不同意自己的看法时，也是先承认小强可以有自己想法的权利，并积极做小强的倾听者。比如，一天小强放学回来说："妈！我好难过，今天考试考坏了。"妈妈听了，不再是责怪，而是停下手边的工作，坐下来对小强说："愿意说给我听吗？"小强看了看妈妈理解和关切的脸，把自己考试考坏的情况给妈妈讲了。妈妈听后，和小强一起分析了失败的原因，并和小强一起制定了相应的补救措施。

　　听完小强的诉说，和小强分析完情况，已经是深夜了。小强感激地投入妈妈的怀抱说："妈妈你真好！"那一刻，小强妈妈的嘴角也浮现出了幸福的笑容。

学会倾听是了解孩子，知道孩子的真实想法的最好方式，父母抽出时间来跟孩子交谈，倾听孩子的心声，让孩子感受到诚意，孩子才会跟父母袒露内心世界。

教育家周弘曾说过："要想和孩子沟通，就必须学会倾听。倾听是和孩子有效沟通的前提。不会或者不知道倾听，也就不知道孩子究竟在想什么，连孩子想什么都不知道，何谈沟通？"可见，倾听是做好亲子沟通的第一步。

许多时候，孩子有强烈的向父母表达内心情感的渴求，此时孩子所追求的并不是来自父母的指导、教诲，更不愿意听到来自父母的训斥、讥讽，而是需要有人倾听他们诉说，有人理解他们内心的感觉，所以，此时父母应采取的最好的方式就是倾听，而且是反应式的倾听，即给予及时的安抚和理解。如果做好这点，孩子一定会急切地渴望与你沟通，渴望让你分享他们内心的喜怒哀乐，并乐于接受你的引导。

1.用心倾听孩子的心声

想要做好父母，必须要先学会做一个好听众。而一个好听众，必须要集中注意力专心听讲。因此，父母在和孩子交流时，应当放下手头正在做的事情，认真听孩子讲话，必要的时候给点肢体语言，让孩子知道自己在仔细听，这样孩子当然会放下戒心，把心中的疑虑、烦恼都讲出来。

莉莉兴奋地从房间跑出来："妈妈，妈妈，你看，这是我做的手工作品！"

妈妈从洗碗槽前低下头看看孩子手上的作品，回过头，继续忙手上的活儿，说："嗯！做得真好，真漂亮，莉莉真是太能干啦！"

莉莉继续兴奋而骄傲地说："妈妈，妈妈，你看，我这个会活动的屋子！"

妈妈继续忙着手中的工作："嗯！真好看！"

莉莉觉察了妈妈的不在意，撅着嘴说："妈妈，你都没有注意听我说

19

话，你是在敷衍我！"

假如你对孩子以及孩子的谈话内容表现出非常浓厚的兴趣，你和孩子之间不但打开了通路，而且会使他们感到自己是重要的。如果孩子察觉到你对他的谈话没有兴趣，他便很难有兴趣把自己的真实想法告诉你。所以，父母倾听孩子讲话时不仅仅是要用耳朵听，更重要的是要用心去听，要设身处地去感受，不但要听懂孩子通过语言、行为表达出来的东西，还要听出孩子在交谈中故意隐瞒的内容。

2.对孩子的诉说表现出极大的耐心

在孩子诉说的过程中，家长一定要忍住，不要随意打断孩子，也不要对孩子的想法妄加评论，更不要讲道理。家长只有心平气和，孩子才不会抵触，才会把自己的真实想法说出来。

周女士的儿子16岁，在法国留学。暑假回来，在一次聊天中，周女士假装随意地问他："你有没有女朋友啊？"儿子郑重其事地想了想，回答说："还没有，不过我已经亲过6个女生了！"周女士当时听了差点没从椅子上跌下来，不过，她没敢做出任何反应，只是又假装淡然地问："哦？已经亲过6个女生了啊，那后来呢？"儿子说："没有后来啊！反正她们都很丑！"

于是，在接下来的时间里，他开始一一描述这几个女生难看的地方，有的青春痘太多，有的屁股太大，有的牙齿有点暴突，而周女士，就真心地和他一起讨论，笑得东倒西歪地听他夸张的描述。一直到最后，周女士才又淡淡地说："哎！你知道亲过以后就不能继续再做什么了吧？"儿子说："放心！我知道，我又不是傻瓜，我们老师说了，我们现在还太小，还不能负责任呢！"

在倾听孩子诉说的过程中，家长要有一点耐心，哪怕是刚开始听到很不满的情况，或孩子是错的，也要让孩子说完，这样才能对事情原委做出正确的判断和评价。话只听半截，很可能会曲解孩子的真实想法和做法。所以说，只有学会倾听和认同孩子的感受，让孩子有诉说的机会，父母才能更多地了解孩子，并对孩子不正确的思想与做法及时进行纠正与引导。

3.给孩子一个申辩的机会

在教育孩子的过程中，孩子可能会对自己的言行进行辩解，父母应给予孩子申辩的机会。应该明白，申辩并非强词夺理，而是让孩子把事情讲清楚、讲明白。有位心理学家说过："父母和子女发生矛盾，是在所难免。作为长者，应该让孩子把意见申述完，要耐心地倾听，如果不等孩子讲完话，家长就主观臆断地下结论，必然会带来一系列的消极后果，其中，孩子的逆反心理将会表现得十分强烈。"家长不允许孩子发表自己的意见，也不调查问题的来龙去脉，而只是一味地大发脾气，这样的教育是难以达到预期的效果的。所以我们要去真正地了解孩子，首先要控制好情绪，尊重和倾听孩子的意见。

有一个6岁的孩子，刚从奶奶家回到家长身边。有一天，母亲炒了一盘鸡蛋，端到桌子上，接着进厨房继续炒别的菜，等母亲再次来到桌旁时，孩子已把鸡蛋吃得精光。

但妈妈并未责骂他，只对他说："家长都还没有吃，你怎么可以一个人把鸡蛋都吃光了呢？"

孩子不吭声，却在一旁悄悄掉眼泪。

母亲问："你这孩子怎么这样，我又没训斥你，你还哭？"

经询问才知道，他在奶奶家里时，吃得越多，奶奶越高兴，多吃点儿，奶奶还表扬呢，从没有告诉过他别人没吃的时候自己不能都吃完。

母亲告诉孩子后，孩子从此便知道了做事还要为他人着想。

只有让孩子把话说出来，我们才能了解事情的真相。否则，轻易给孩子下结论，只会误解孩子，让孩子受委屈。所以，家长要尊重孩子，使孩子能为自己的所作所为有进行解释与申辩的权利。毕竟孩子还未长大，他们有其特别的想法与思想，不能完全按照成人间的方式去对待。只有孩子说出自己的真实想法或意图，才能更有针对性和目的性地帮他们解决实际问题。所以，家长既要倾听孩子述说原委，更要倾听孩子的辩解和反驳。

赏识教育：好孩子是夸出来的

心理学家曾经做过这样一次心理测验：

把孩子分成甲、乙两个组，分别让他们考同样的问题。过了三天，再度去那所学校，告诉甲组同学："上次考试成绩非常好，今天再考一次，你们千万不能输给上次，好好写吧！"又对乙组的同学说："你们上次成绩很差！这怎么行呢？这次必须反败为胜才行！"结果，原本成绩相当的两组，得到肯定和夸奖的一组，第二次测试成绩很好，责骂后再考的那一组，成绩很不理想。

这个测验告诉我们：赏识引向成功，责骂导致失败。作为一种心理需求和渴望，人人都希望听到善言和表扬，可以说，不断进行正面激励是一个人成长中的动力源。孩子同样也是如此。如果一个孩子生活在鼓励中，他就学会了自信；如果一个孩子生活在认可之中，他就学会了自爱。这就是"赏识"——欣赏肯定。而赏识一旦被家长正确运用，它的魅力是无穷的，会成为孩子不断追求成功的"金钥匙"。

我国教育家陶行知先生曾经说过："教育孩子的全部秘密在于相信孩子和解放孩子。相信孩子、解放孩子，首先要赏识孩子。"所有孩子心灵深处都渴望得到别人的赏识。赏识孩子，就要不断发掘孩子的优点，不断给孩子鼓励，从而逐步培养孩子的自信心，让他们相信自己的能力。

美国有一个家庭，母亲是俄罗斯人，她不懂英语，根本看不懂儿子的作业，可是每次儿子把作业拿回来让她看，她都说："棒极了！"然后小心翼翼地挂在客厅的墙壁上。客人来了，她总要很自豪地炫耀："瞧，我儿子写得多棒！"其实儿子写得并不好，可客人见主人这么说，便连连点头附和："不错，不错，真是不错！"

儿子受到鼓励，心想："我明天还要比今天写得更好！"

他的作业一天比一天写得好，学习成绩一天比一天提高，后来终于成为一名优秀学生，成长为一个杰出人物。

这就是孩子。你说他行，他就行；你说他不行，他就不行。你为他喝彩，他会给你一个又一个惊喜；你说他不如别人，他会用行动证明他真的很笨。

孩子不断进步，原因是多方面的，但有一点是肯定的，即家庭教育的作用，而其中来自家长对孩子的赞赏和鼓励则是一把挖潜启智、培养孩子正常发展、快速成长的金钥匙。鼓励能调动人的积极性，鼓励能让人树立信心、看到希望。一句鞭策的话语，一次精神上的激励，往往能激发孩子的自尊心和上进心，从而变成一种巨大的精神力量，促使其更加刻苦用功和不断提高。

德国著名教育家卡尔·威特对孩子的赞美教育也有独到的见解，他在儿子的教育过程中恰到好处地运用了赞美的方法，值得我们学习和借鉴。

卡尔·威特在教育儿子时用得最多的一句话是："你是非常聪明、非常好的孩子。"

每当儿子遇到困难和挫折时，卡尔·威特总是用这些激励的语言、世界上最美的语言来帮助他摆脱烦恼。卡尔·威特认为，儿子毕竟是孩子，他太弱小，在他的人生之中会遇到许多的难题，做父亲的应该尽量帮助他。

卡尔·威特的儿子刚开始学习写作时，对自己的写作能力没有一点儿信心。当孩子战战兢兢地把他的第一篇文章递给卡尔·威特时，卡尔·威

特注意到了孩子眼里的不安，孩子似乎在等待着父亲的审判。读完孩子的
文章后，卡尔·威特觉得这的确是一篇糟糕的文章，那应该怎样来评价孩
子的文章呢？如果对儿子简单地说一句"不好"根本就不能解决问题。当
卡尔·威特正在沉默的时候，孩子眼里流露出忧伤的眼神。这时卡尔·威
特却意外地说了令孩子兴奋的话："非常不错，这是你第一次写作，爸爸
刚开始写作的时候比你差远了。"

这时，儿子的眼光中闪烁出了兴奋的光芒。

不久，当儿子把他的第二篇文章递给卡尔·威特时，孩子的文章已经
进步了许多。

卡尔·威特教育儿子的事例启发我们：孩子的良好行为在得到不断夸奖
时，就会不断重复从而形成习惯。

赏识对于成长中的孩子来说是至关重要的，孩子从父母欣赏的眼光、赞赏
的话语、满意的点头、会意的微笑、热烈的掌声中得到肯定，赏识可以发现孩
子的优点和长处，激发孩子的内在动力，增强孩子的自信心。

赏识是教育的真谛，能够带给孩子无限的信心和动力，让孩子不断地前
进。一位著名的教育家说："孩子需要激励，就如植物需要浇水一样。离开激
励，孩子就不能生存。"学会赏识孩子并不是一件容易的事，每位家长都要仔
细地研究与思考鼓励孩子的策略，并养成赏识孩子的习惯。

1.善于发现孩子的闪光点

赏识教育，是对孩子人性的尊重。任何一个孩子，哪怕他是被认为最顽劣
的孩子，都有其闪光点，只是人们没有发现罢了。教育专家卢勤说："我有一
双爱的眼睛，5分钟之内就能发现孩子跟别人不同的地方，发现他身上的闪光
点，发现他的长处。这是我的习惯。我始终认为所有的孩子都是好孩子，他们
身上有很多'棒'的地方，只是有的没被别人发现，如果能被发现，他们的表
现比谁都不差。"的确，人都是有优点的，只要父母愿意以一双爱的眼睛去欣
赏孩子，每一个孩子都是值得父母骄傲的。

赵飞是个聪明且调皮的男孩，经常会出现许多"小问题"，制造诸多"麻烦"。

这一天，妈妈刚刚回家，听到爸爸正在生气地指责赵飞："没收拾好自己的物品，就跑出去玩！说你多少次了，你怎么老是爱摆个烂摊子啊？"

说到气头上，爸爸又开始批评赵飞的其他诸多错误，如粗心、脾气不好、贪吃等。

妈妈瞧瞧赵飞，正满不在乎地嘟着嘴，满脸的不服气和不情愿。为了缓和僵局，妈妈若有所思地说道："赵飞身上是存在缺点，我想他自己知道那样做不对。每个人都有缺点的，可每个人身上也是有优点的啊！"

爸爸领会了妈妈的意思，定神后说："是啊，有缺点不要紧，只要改正就好。其实赵飞身上有许多优点，比如很爱劳动，喜欢主动帮助朋友。"

妈妈接着说："还有呢，做事情很认真，学本领很聪明呢。"

赵飞本来以为妈妈也会批评自己，谁知竟然夸奖自己。他被爸爸妈妈夸得都有些不好意思了。

最后妈妈说："赵飞有这么多优点我们也很为你骄傲，如果能将自己的缺点改掉变成优点，那么赵飞会是个了不起的人，大家会对你另眼相看的。"

听了妈妈的一席话，赵飞轻轻点点头，仿佛若有所思。

从此之后，赵飞的很多"毛病"果然都改掉了。

赏识可以发现孩子的优点和长处，激发孩子的内在动力，帮助孩子扬长避短，克服自卑、怯懦心理，树立自信心。作为家长，要相信自己的孩子。当孩子在某一方面有进步时，千万不要吝惜自己的夸奖和赞美，当孩子遭遇失败或孩子行为有过失时，不能对孩子全盘否定，要善于发现其中的闪光点。

2.赏识要具体

夸奖不能太笼统、模糊，不能简单地用"你真是一个好孩子""你真棒"

这样的一般评价用语，因为这种"夸奖"孩子会觉得父母心不在焉，是在敷衍他们。

　　小欣是个聪明的孩子，从小就表现出惊人的绘画天赋。妈妈也总不忘对孩子的画大加赞赏。一句"太棒了"常常让小欣心花怒放。在妈妈的赞赏声中，小欣如妈妈所期望的一样，她的绘画天赋也逐渐得到了更好的发挥。

　　时间久了，小欣对那句"太棒了"已经不是那么激动了，因为她不知道自己的画到底哪里棒，哪里还有欠缺。小欣的绘画天赋似乎慢慢转入停滞阶段，而妈妈似乎也发现了这一点，但她还是言不由衷地夸奖："太棒了！"

　　终于有一天，小欣在妈妈夸奖完之后，扔下了画笔，回到了自己的房间。妈妈很是诧异："小欣你怎么了？不愿意画了吗？"

　　"不，妈妈。我只是不清楚我的画到底好在哪里，而你只是告诉我'太棒了'。难道你就不能告诉我，我的画好在哪里吗？"小欣委屈地答道。

　　妈妈哑然，到这时候才发现"太棒了"几乎成了自己表扬孩子的口头禅。

　　小欣的妈妈知道用赏识法来教育孩子，这一点值得认可，但赏识教育要具体而深入，不要泛泛地夸孩子的优点，父母对孩子的夸奖应该是经过认真品味后的真正欣赏。

　　在赏识孩子时，应该对孩子的优点和进步的具体细节给予肯定，如"你很会思考"，"你对某件事情有你自己的看法真的不错"，"你的数学成绩比以前有进步了"，等等，而不总是简单而笼统地夸奖"好""不错""真棒"，使孩子明白自己"好"在哪里，这样效果会更好。否则，孩子不能从内心得到肯定，当然就可能对你所谓的赏识无动于衷了。

建立亲子之间相互信任的关系

信任是建起人与人之间沟通的桥梁，给人们足够信任的空间，自然会有意想不到的收获。对于孩子而言，也是一样的，只有做父母的真正信任他们，他们才能更好地成长。信任是连接这个世界的纽带，父母信任孩子多一点，孩子就会跟父母亲近一点。

心理学家认为：追求他人的信任是每个正常人的普遍心理，是一种积极的态度，也是一个人奋发向上、实现自我价值的动力。信任的心理机制对孩子良好的心理品质的形成具有积极的鼓励作用。在家庭教育中，父母想要教育出好孩子，首先要信任自己的孩子。

一位学生曾这样描述自己的妈妈：

我妈妈在生活和学习上特别不信任我，每天就像防贼一样防着我。比如学校临时补课，我回家晚了，她表面上相信我，而我一进自己的房间，她就开始打电话找同学验证。她怕同学在一起"串供"，于是，往往要问上好几个。就这还不能让她放心，最后还要打电话找班主任或任课老师证实。我们同学都称我妈妈为"编外班主任"。现在，我们班同学的情况，妈妈都了如指掌，比班主任还清楚呢……说白了，就是怕我骗她，想掌握我的动态。

平时她不允许我出门，说外面坏人坏事多，怕一不留神儿出事，更怕我学坏。她还不让同学来找我玩。她说怕麻烦，实际上就是怕耽误我学习，怕我跟同学学坏了。因此，每天上班前，她都要把拖鞋按她记忆的顺序摆好，一旦回家后发现拖鞋位置有变动，她就要对我拷问一番。所以每当同学来家找我玩，我都得先把拖鞋的位置用铅笔画下来，再让同学换上。等同学走后，我再按原样摆放整齐，用橡皮小心擦掉地板上的痕迹。一次，同学刚把脚伸到拖鞋里，发现一个指甲盖大的钥匙。我立刻明白了，又是我妈做的暗号……

由于妈妈老是这样不信任我，我做什么都没有动力了。

可见，只有父母充分相信孩子，孩子才会相信父母，真正相互平等有效地沟通也才会开始，真正的教育才会开始。相反，如果父母对孩子不信任，直接导致孩子对父母的不信任，也就加剧了父母与孩子之间的不理解。不论什么原因，如果对孩子不能怀有信任的态度，如果没有让孩子感觉到父母对自己的信任，教育不仅没有正效应，反而会激起孩子强烈的反抗心理，最终使家庭教育一败涂地。

每一个孩子都需要父母的信任。对孩子的善良的天性和做事的能力充满信任，才能让孩子朝着父母期望的方向发展。可以说，父母的信任是孩子建立自信的催化剂。父母选择信任孩子，孩子的内心会感到非常的愉悦，亲子关系也会更加融洽。

父母的信任是孩子成长最重要的支持力量。一个孩子只有在父母的信任中才能有较高的自我价值感，才能拥有自信心。

拿破仑小时候，母亲就去世了。有一天，父亲宣布再婚。当一个陌生的女人走进拿破仑的家，很高兴地问候家里的每一个人。她走到拿破仑面前，拿破仑双手交叉着放在胸前，凝视着她，眼中没有丝毫欢迎的表露。父亲对她说："这是拿破仑，是孩子中最坏的一个。"

这时，继母把双手放在拿破仑的两肩上，两眼闪耀着光辉，她说："这是最坏的孩子吗？完全不是。他恰好是这些孩子中最机灵的一个，而我们所要做的一切，无非是把他的智慧发掘出来。"

继母的信任和鼓励，令拿破仑意识到自己将永远有一个最亲爱的母亲。由于继母的关爱和影响，拿破仑最终成就了一番事业。

英国教育家斯宾塞曾说过："当孩子感到被爱、被信任，奇迹不久就会出现在你眼前。"的确，孩子的成长，离不开父母的信任。信任使孩子对前景充满了信心，是前进的原动力。事实证明，信任和欣赏孩子是最成功的教育方式之一，更是最基本的教育原则，而这一教育原则与方式，适合于每一个人。

在家庭教育中，父母的信任可使子女感到他们与父母处于平等的地位，从而对父母更加尊重、敬爱，更加亲近、服从，心里话乐于向父母倾吐。这既增进了父母对子女内心世界的了解，又使父母教育子女更能有的放矢，获得更好的效果。反之，若父母对孩子持不信任或不够信任的态度，就无法了解孩子的愿望和要求，孩子的自尊心和自信心必然会因此而受到伤害，他们对父母的信赖也势必减弱。这样，家庭教育的效果也会相应减弱。所以，家长在教育孩子的过程中应该信任孩子。

1.父母要信守承诺，与孩子建立互信关系

父母在孩子的成长过程中扮演着重要角色，引导孩子走向成功的未来。因此，父母要首先做到信守承诺，成为孩子学习的榜样。

一个孩子这样和自己的老师诉苦：

我的爸爸妈妈说话从来都不算数。有一次，我爸爸对我说，只要我考进全班前五名，他就陪我去游乐园玩。可当我拿着第五名的成绩单给爸爸看时，他却说他很忙没时间，等下次吧。我妈妈也是一样的，她说我只要写完作业了就可以到楼下找小伙伴玩耍，可是在我写完作业时她又让我弹一个小时的钢琴。每到这个时候，我都会想起电影里的小麦兜，麦兜的妈妈让他吃药，说只要吃了药麦兜的病就会好了，病好了妈妈就带他去马尔代夫。结果麦兜按照妈妈的意思吃了药，病的确也好了，而妈妈却再也不提去马尔代夫游玩的事了。麦兜一再追问，妈妈就和他说，等妈妈发了财再说吧。我现在很理解麦兜，觉得他和我都非常可怜。以后再听到爸爸妈妈给我承诺什么，我都没有心情听了，因为我明确知道他们又会失信。他他在骗我还一定要我相信，做孩子真不容易啊！

当大人做出许诺的时候，孩子往往都非常信任。假如你答应了孩子一件事，可是你说完了又不算数了，孩子就会很生气，以后大人再说什么，孩子也不会再相信。所以，父母不要随意对孩子许诺，除非你保证能做到。只有你信守承诺，孩子才会信任你。

2.信任也是一种鼓励

家长的信任就是对孩子最好的激励，这是真正触动孩子心灵的动力。当孩子得到家长的信任，就会感到自己的能力和价值得到了信任，就能激发他更多的自信心和创造力。从教育效果看，信任是一种富有鼓舞作用的教育方式。

爱因斯坦是20世纪以来最伟大的科学巨匠，他能取得这么大的成就，和他母亲对他的教育密不可分。教育爱因斯坦，妈妈有自己的诀窍，那就是给孩子无限的关爱和信任。

爱因斯坦小的时候，不爱说话，被人认为是一个低能儿。他上小学的时候学习成绩并不出色，数学成绩尤其差。爱因斯坦读小学六年级的时候，一次数学只考了57分。放学妈妈去接爱因斯坦的时候，数学老师这样建议她："爱因斯坦将来长大后学什么都可以，但千万不要让他碰和数学有关的任何东西。"

在回家的路上，爱因斯坦发现妈妈一直都没有说话，忍不住问妈妈："妈妈，刚才老师跟您说什么了？"妈妈是这样回答爱因斯坦的："孩子，老师说你在数学方面具有一定的潜力，只不过你现在还没有完全发挥出来。如果你用心学习，将来肯定会出人头地的。"

看到妈妈信任的目光，爱因斯坦受到了很大的激励。从此以后，他刻苦学习，严格要求自己，最终成了伟大的科学家。

从故事中可以看出，如果当时妈妈没有充分信任爱因斯坦，那么爱因斯坦也许就不会取得这么大的成就。正是妈妈给了爱因斯坦无限的信任，他才会获得动力，从而不断超越自己，最终成为闻名中外的科学巨匠。

　　信任孩子，是一种很重要的鼓励技巧。孩子有了父母对他的信任，做起事情来会更加有责任感和使命感，为了对得起父母的信任，他们会更加努力。

　　其实父母想要给孩子前进的信心和力量一点都不难，一次不经意的表扬，一个小小的鼓励，都会让孩子激动不已甚至会改变很多。对孩子的信任，能够激发孩子内心的动力，让孩子体会到被尊重和被认可的喜悦。他们会在父母充满信任和友好的目光语言中，慢慢地走向成功，实现他们心中的理想。只要父母认识到了，并且对孩子有足够的信任，那么孩子就算遇到了困难，也能够充满信心，积极发挥主动性，进行自我调整，把困难转化为前进的动力，还有利于激发孩子的学习兴趣，保持良好的心态，提高学习效率和成绩。

第二章
性格培养：
用好性格控制人生

诚实可信成就高自控力的孩子

诚实守信，简称"诚信"。这里的"诚"，是指忠诚正直，言行一致，表里如一；这里的"信"，是指遵守诺言，不虚伪欺诈。

"诚"是"信"的基础，"信"是"诚"的具体表现。不"诚"的人很难做到"信"，不"信"也很难说是真正的"诚"。

诚信是一种美德，更是一种可贵的品质。对于孩子来说，从小就养成诚实守信的好习惯，是健康成长的根本所在，是将来取得成功的坚实基础。

本杰明·鲁迪亚德曾经说过："没有谁必须要成为富人或成为伟人，也没有谁必须要成为一个聪明的人，但是，每一个人必须要做一个诚实的人。"

诚信是人性一切优点的基础，这种品质比其他任何品质更能赢得尊重和尊敬，更能取信于人。诚信是立身之本，是一个人最宝贵的财产，它能让孩子保持正直，挺直脊梁、光明磊落地做人，还能给孩子以力量和耐力。

一个中学毕业的女生，和同学们约定了星期天去拜访老师。周日一大早，家里的电话响起，是表姐约她当天去郊游，地点是女孩一直都想去的风景区。她就把今天要和同学拜访老师的事情告诉了表姐，表示自己不能去郊游了。

可是，表姐说："这次有车，机会难得，之所以没有提前通知你是因为车里坐不下，但是，今早突然有人不去了，我就赶快给你打电话。我们一两天就回来，回来之后你再去拜访老师吧！你不是一直都很想去吗？"女孩说："可是和同学都约好了，和老师都说好了啊！"表姐说："那你考虑一下，尽快给我回电话。"

挂断电话之后，女孩很矛盾，到底是去拜访老师，还是跟同学说一声抱歉，然后和表姐他们去玩。正犹豫呢，女孩的父亲出来，女孩把表姐来电话的事情告诉了父亲。

父亲说："别想了，当然去拜访老师是对的，你答应同学去看老师在先，表姐约你在后。不能以你想去郊游还是想去拜访老师为标准，而是以事情的紧急程度和答应别人的先后为标准。所以，信守你之前的承诺就对了，至于郊游，有机会再去嘛！"

听完父亲的话，女孩安心地给表姐回了电话，高高兴兴地去拜访老师了。

诚信是每个人必备的素质。只有从小教育孩子信守承诺，让孩子拥有诚信的品德，才能得到别人的尊重和信任，获得真诚的朋友和友谊，将来在事业上得到更好的合作伙伴和他人的支持。

诚信是一种道德品质和道德规范。无诚则无德，无信则事难成。聪明而睿智的家长们，您一定能领悟到诚信教育的作用和真谛，那么就从现在做起，从身边的点滴小事做起吧。播下诚信的种子，给孩子以力量和耐力，赢得诚信这张人生的通行证！

1.父母要以身作则，信守承诺

教育孩子要诚信，父母自己首先要诚信。以诚信培养诚信，其道理是不言自明的。

父母是孩子最直接、最贴近的老师，应该为孩子起到良好的榜样作用。父母要从自身做起，做一个诚实守信的人，用自己的言传身教来影响孩子。在日常生活中，一旦承诺给孩子什么，就要努力兑现。只要父母答应孩子的事情，就要如约完成，这样才会获得孩子最大程度的信任和敬佩。

亮亮是一个非常调皮的孩子，学习等各方面表现都很一般，还经常惹是生非。

一次，爸爸为了激励亮亮努力学习，便对她说："好孩子，下次考试只要你能进入年级前10名，爸爸就带着你去外地旅游。""爸爸，这是真的吗？"亮亮不相信地问爸爸。

"当然了，爸爸还能骗你。""那好，爸爸我想去海南，咱们可说好了呀。"亮亮高兴地说。在这个目标的激励下，亮亮最近一段时间学习非常努力，有了问题就会问老师，学习进步非常快。

结果，考试完亮亮的成绩是全年级第8名。拿到成绩单，亮亮非常高兴，一放学就乐颠颠地跑回家了。爸爸看到成绩单后也非常高兴，不停地夸奖亮亮很厉害。"爸爸，那咱们什么时候去海南呀？"亮亮迫不及待地问。

"海南太远了，再说你马上就要升入六年级了，学习可不能放松。要不爸爸带着你去吃'必胜客'，算是对你的奖励好不好？"爸爸对亮亮说。这时，亮亮不高兴了："我才不要什么'必胜客'呢，我要去海南！爸爸说话不算话，我以后再也不相信你了！"

教育孩子要诚信，父母自身首先要诚信。父母以身作则带给孩子的影响是深远的。在日常生活中，父母对待孩子一定要诚信，不要说话不算话。许多父母为了诱导孩子做某件事，总是轻易地许诺孩子某些条件，但是事后却没有兑现。孩子的希望落空后，就会发现父母在欺骗自己，也就会从父母身上得到一些经验，那就是不守信的许诺是允许的，大人的言行也经常不一致的，等等。一旦这些经验转化为孩子说谎的行为时，父母恐怕要后悔莫及了。所以，要纠正孩子不守信用的倾向，家长首先要做到言行一致，才能取信于孩子。

另外，父母在向孩子许诺之前一定要三思，不能言而无信，答应孩子的事情就一定要做到。如果兑现不了，应及时给孩子解释，向孩子道歉，并做自我批评，让孩子从内心理解和原谅父母，事后父母应设法兑现自己的承诺。

2.培养孩子树立诚信观

孩子的思想是单纯的，父母要给他们树立一种诚信为人的观念。教育他们与小伙伴交往要真心，对老师、父母不说假话，作业不抄袭，考试不作弊，对待他人要懂得"己所不欲，勿施于人"的道理，答应别人的事情就要做到。

优优的爸爸收到好朋友送来的两张木偶话剧的门票，这是演员们在那所小城的最后一次演出了。

回到家之后，优优的爸爸告诉了儿子，晚上要带他一起去看木偶剧。优优高兴极了，木偶剧是他非常想看的节目。

可是，正当优优在车库旁等着开车过来的爸爸时，小伙伴松松的妈妈迎面走来。松松的妈妈看到优优，热情地对他说："松松已经准备好了，时间也差不多了，现在去我家怎样？"

此时，优优的爸爸已经把车开过来，停在优优身旁。两位家长打过招呼之后，优优爸爸发现儿子明显有些不自在，就问道："有什么事吗？"

"松松要……过生日，邀请……邀请了我去他们家。"优优吞吞吐吐地说。

优优爸爸接着问："既然你们已经约好了去参加生日Party，为什么还和我去看木偶剧呢？"

优优有些难为情地说："我听到你说要带我去看木偶剧的时候，我就已经不想去参加松松举办的生日Party了，我想看木偶剧。"

一旁的松松妈妈微笑着说："原来你要去看木偶剧啊，既然你这么想去，那就和爸爸去好了，等有机会再去我家。"

但是，优优的爸爸并没有因为松松妈妈的说情，就让优优去看木偶剧，而是认真地对优优说："这样做的话，只能说明你是个不讲信用的人。答应了别人的事不去做，以后别人还会信任你吗？"

听了爸爸的话，优优明白了其中的道理，他对爸爸说，今天不去看木偶剧了，他要参加松松的生日Party，不能让松松白等自己。

说完，优优跟着松松妈妈开开心心地去松松家了。

如果孩子出现了没有信守诺言的行为或苗头，父母一定要及时指出，严肃地向孩子讲明道理，并督促孩子认真履行自己的承诺。父母千万不要觉得孩子还小，或者觉得事情无关紧要就放纵他们的缺点，否则，孩子会不断强化不良的行为，从而形成不良的品格，进而影响他的一生。

3.鼓励孩子的诚信行为

心理学研究表明，适当的表扬对于塑造儿童行为和培养良好的品德有着举足轻重的作用。所以，家长平时应多观察孩子的行为，一旦发现孩子做到了诚实守信，就应该加以肯定和表扬，使孩子的这一行为慢慢转化为习惯。

宋庆龄从小就是个诚实的孩子。有一次，爸爸妈妈要带全家去朋友家做客，其他孩子都穿戴整齐准备出发了，只有宋庆龄仍然坐在钢琴面前不停地弹琴。

母亲喊道："孩子们，我们快走吧！"

宋庆龄不由自主地站了起来，但很快又坐下去了。父亲问道："孩子，你怎么了？"

宋庆龄有些着急地说："今天我不能去伯伯家了。"

"为什么不能去，孩子？"妈妈问道。

"爸爸，妈妈，我昨天答应了小珍，她今天来我们家，我要教她叠花。"宋庆龄说。

"我还以为什么重要的事呢！下次再教她吧！"父亲说。

"不行，小珍来我家会扑空的。"宋庆龄叫了起来。

"要不，你回来后到小珍家去解释一下，向小珍道个歉，明天再教她也没关系。"妈妈出了个主意。

"不行，妈妈！您不是经常教育我要信守诺言吗？我答应了别人的事情，怎么可以随意改变呢？"宋庆龄坚定地摇着头。

"哦，我明白了，我们的庆龄是一个守信用的孩子，"妈妈会心地笑了，"那就让庆龄留下吧！"

于是，爸爸妈妈带着其他孩子去做客了，回家后，却见宋庆龄一个人在家里。"庆龄，你的朋友小珍呢？"父亲问道。

"小珍没有来，可能她临时有什么事吧。"小庆龄平静地回答。

妈妈心疼地问："小珍没有来啊？那我们的庆龄不是很寂寞吗？"

宋庆龄却回答："不，妈妈，虽然小珍没有来，但是我仍然很高兴，因为我信守了诺言。"

当孩子出现守信的现象，父母要及时表扬他的这种行为，而不要带有太多世俗的功利心态去评价孩子纯真的心灵。通过这样的不断巩固，孩子会愈发明确品质和行为之间的相互关系，从而养成诚信待人的良好习惯。

孩子的胸怀有多大，舞台就有多大

宽容是人的一种美德，是做人的一种风度和境界。现实生活中，人们常会遇到别人对不起自己或做了有损于自己的事情，对此不耿耿于怀，不过分计较，能够笑一笑就过去，这就是宽容。

宽容是一种高贵的品质、崇高的境界，是一种智慧和力量，学会宽容别人，也就是善待自己的一种方式，你在宽容别人的同时，也给了自己一个淡然的心态。法国著名文学家雨果说过："世界上最宽阔的东西是海洋，比海洋更宽阔的是天空，比天空更宽阔的是人的胸怀。"自古至今，宽容被尊奉为做人的准则和信念，成为做人的一种美德，并且视为育人律己的一条光辉典则。

这是1939年的时候，发生在一个老农场主和一个少年身上的故事。

塞玛是一位老农场主，住在马路尽头大约一英里的地方，有一天，他敲响了少年托尼·希勒家的大门，因为他想雇人帮忙收割一块首蓿地。这也是少年托尼·希勒第一次得到的有报酬的工作——每小时12美分。要知道这在当时已经是很不错的了，因为那时美国还处在经济大萧条时期。

这一天，塞玛发现一辆装满西瓜的大卡车陷在自家的瓜地中。很显然，是有人想偷走这些西瓜。塞玛说车主很快就会回来的，让希勒也在这儿看着，长长见识。不一会儿，一个在当地因打架和偷窃而臭名昭著的家伙带着两个体格健壮的小伙子出现了，他们看起来非常愤怒。

塞玛却用一副平静的口吻说道："哎，我想你们是想要买些西瓜吧？"那个男人沉默了良久，最后缓缓回答道："嗯，我想是的。你的西瓜怎么卖，多少钱一个？""25美分一个。""好吧，你帮我把车弄出来吧，我看这价格还挺合适。"

这是他们那个夏天最大的一笔买卖，并且还避免了一场危险的暴力事件。等他们走后，塞玛笑着对希勒说："孩子，如果不宽恕敌人，就会失去朋友。"

几年以后，塞玛去世了，但希勒永远也忘不了他，忘不了第一次打工时他教给自己的经验和教训。

宽容是一种非凡的气度、宽广的胸怀，体现了一个人的素养，表现了人的思想水平。只有宽容，才会在心中留出一片天地给别人。能以宽容对待别人的人，在生活中能养成将心比心、推己及人的做人做事的习惯，这样的人，肯定是受人尊敬和欢迎的。

宽容的伟大来自于内心，宽容无法强迫，真正的宽容总是真诚的、自然的。当我们学会宽容的时候，我们就在超越自我，提升自我，使自己走向洁净的心境。

但遗憾的是现在的孩子多数是独生子女，因为父母过于溺爱，他们总是以自我为中心，很少顾及他人的感受，对别人给自己带来的一点伤害总是耿耿于怀。例如，在与小伙伴交往的过程中，往往容不下对方的小小过错。这种缺乏宽容的态度，使得他们很难与小伙伴形成良好的关系，甚至还可能被孤立。所以，父母一定要从小培养孩子宽容的品质，使孩子成为一个能够宽容别人的人。

一天，一位妈妈听女儿说学校要举行歌咏比赛。虽然女儿没有参加，但这位妈妈却发现女儿非常关心这次歌咏比赛的结果。

在这次歌咏比赛结束以后，女儿回家后愤愤不平地说着班上的一个女同学小旭当时如何自夸，结果就因为她中间忘了词卡了壳，使他们班级没有取得任何名次。女儿说："妈妈，我们全班同学都恨她，我们再也不理她了！如果没有她这样不自量力的行为，我们班级就可以取得年级第一名了！"

这件事情过去很久了，但妈妈却发现女儿仍然对此事念念不忘。"妈，今天放学的时候，小旭和我说话，我没有搭理她。"无论妈妈怎样劝，女儿仍然不听。而且女儿还振振有词："妈妈，你看我这么生气，你也不和我一起骂骂她，替我解解气！你还帮她说话，她是你女儿还是我是你女儿呀？""妈妈，我不能像你说的那样，和她说话并原谅她，我们班级的其他同学都会恨我的！""原谅了她，就是没有集体荣誉感！"

听女儿这么说，这位妈妈不由心里突然一紧：女儿心胸为什么变得如此狭隘，如此难以原谅别人的过失呢？

孩子不是生来就满腹仇恨的。歧视、偏见可能是孩子学来的或因为缺乏足够的了解而产生的。生活中，许多产生偏执的观念已经渗透进孩子们幼小的心灵，而且对他们宽容的发展起着反作用。作为孩子的父母必须重视这个问题，千万不要忽视对孩子宽容心的培养。一个没有宽容心的孩子将很难融入社会大家庭和人们和睦相处，共同发展。

宽容是一种品德，也是一种智慧，如果父母教会孩子学会宽容，那么孩子就能够很好地控制自己的情感。富有宽容心的孩子往往心地善良，性情温和，惹人喜爱，受人拥护，而缺乏宽容心的人往往性情怪诞，易走极端，不易为人亲近，因而人际关系往往不好。因此，教孩子学会宽容尤为重要，这不仅仅是为孩子今天能和伙伴处理好关系，更是为孩子将来的人生奠定基础。著名主持人白岩松在教育自己儿子时这样说："如果所有的美德可以自选，孩子，你就先把宽容挑出来吧。一旦孩子拥有宽容的美德，你将一生收获笑容。"

　　有一位母亲，带着她的孩子到度假村去玩，那天去游玩的孩子较多，工作人员一时疏忽，将她的孩子留在了网球场。等工作人员找到孩子后，小孩因为一个人在空旷的网球场待着受到惊吓，哭得非常伤心。一位满脸歉意的工作人员，在安慰这个四五岁的小孩。不久，孩子的妈妈来了，看见了自己哭得惨兮兮的孩子。这位妈妈蹲下来安慰自己的女儿，并且很理性地告诉她："已经没事了，那个姐姐因为找不到你而非常紧张，并且十分难过，她不是故意的。现在，你应该亲亲那个姐姐的脸，安慰她一下。"她的孩子踮起脚尖，轻轻地亲吻蹲在她身旁的工作人员的脸，并柔声告诉她："不要害怕，已经没事了。"

　　宽广的胸怀不是天生的，是靠后天的培养和教育。生活中，父母要注意培养孩子拥有一个宽广的胸怀，从日常生活、学习中加以注意，抓住每一件可以教育的事情，不断对孩子进行宽容待人的引导和教育，逐渐使宽容的理念融入他们的品格之中。

　　1.父母要有宽容之心

　　要培养孩子宽容的品质，父母首先要有宽容心。也就是说，为人父母者应该以身示教，给孩子做个好的榜样。试想，如果父母心胸狭窄，不懂宽容，无视他人意见，习惯于将自己的意志强加于人，为一点小事争执不休、斤斤计较，孩子又怎么能学会宽容呢？

　　一位年轻的妈妈带着儿子去公园玩。在公共汽车上，一位背着大包的青年挤进了车厢，妈妈被大包撞到了一边。

　　儿子关切地问："妈妈，你没事吧？"同时，他恼怒地看了那青年一眼，喊了一句："太可恨了。"

　　年轻的妈妈看着儿子，说道："可不能这么说，这位叔叔不是故意的。"这时，那位青年也连连向她道歉。儿子听到这些，惭愧地低下了头。

几天以后，妈妈早早地下了班，她骑着车子来到学校，准备接儿子回家，结果发现儿子的手破了皮，血一滴一滴地往下流。妈妈心疼极了，赶快找来一些纱布，将他的伤口包好，然后就去问老师是怎么回事，老师也很纳闷，因为她既没有看到他来报告，也没有听到他哭过。

妈妈不解地问："为什么没有告诉老师呢？"儿子笑着说道："妈妈，小朋友不是有意弄伤我的呀！因为这事，他已经深感不安了，如果再去告诉老师，他会更加自责的。"

妈妈听了非常高兴，他摸着儿子的头说："好孩子，你已经学会了谅解别人。"

故事中的妈妈用自己的实际行动，为孩子树立了正确的榜样，在孩子幼小的心田里播下了一颗宽容的种子，让孩子懂得了一个人要学会宽容和关心他人。

宽容的种子往往需要父母用心去播种，只有宽容的父母才能培育出宽容的孩子。孩子最初是从父母那里学习待人接物的方式的。父母宽容、大度，遇事不斤斤计较，与邻里、同事之间融洽相处，孩子就会学着父母的样子处理同学之间的关系，也会变得宽容、好善、乐与人处。

2.教孩子学会换位思考

许多孩子只习惯从自己的角度思考问题，而不习惯于站在别人的角度上思考问题。要消除这种现象，办法就是"换位思考"。

小刚将一本新买的《名侦探柯南》漫画书带到了学校，他一下课就翻出漫画书高兴地翻阅起来。不巧，同桌起身时不小心把墨水瓶碰翻，墨水洒到了漫画书上，把一本精美的《名侦探柯南》漫画书弄得脏兮兮的，无法继续看下去了。小刚很生气，不但让同桌赔他新的《名侦探柯南》，还把这件事告诉了班主任老师。结果，小刚的同桌被老师批评了一顿。

放学回家，当小刚跟妈妈诉说这件事情的时候，妈妈严肃地对他说：

"谁都有不小心犯错误的时候，如果你犯了同样的错误，你的同桌大喊大叫，让你赔，还告诉老师批评你，你舒服吗？"

小刚说："我会很难受的呗。"接着，妈妈又告诉小刚，要和气、友好地待人，不能斤斤计较，尤其是对待同学，更要大度、宽容，像今天这样的情况，应该说没关系。这样，才能成为受同学欢迎的人，成为快乐的人。这件事给小刚留下了深刻的印象，在妈妈的启发下，小刚渐渐理解了宽容的含义，学着去宽容待人了。

在孩子与他人发生争吵或矛盾时，家长可以教孩子学会从他人的角度来看待问题，让孩子把自己置于别人的位置，并站在他人的角度来思考问题。这样孩子不仅可以了解别人，还会赢得友谊。父母应该教育孩子经常自问："要是我处在这种情况下，我会怎么想呢？又会怎么做呢？""我现在应该为他做点什么，他的心里是不是会感觉好受一些呢？"这样，孩子往往会看到问题的另一面，从而养成其宽容的品格。

3.宽容孩子的错误

孩子毕竟是孩子，难免犯错误，而且在很多情况下，孩子并不是故意地犯错误的。所以，当孩子犯错误之后，作为家长，就应当允许孩子犯错误，正确对待孩子所犯的错误，只有这样，才能让孩子在不断的错误中吸取教训，总结经验。这也正是所谓的"吃一堑长一智"的道理之所在。列宁曾说："孩子犯错，那是上帝也要原谅的。"你宽容了孩子，孩子有了一个"负疚"的体验过程，他真心实意地改过了，则比生硬的批评要好得多。

小安放学回家后接到妈妈的电话，妈妈说要加班，很晚才能回来。小安听了很高兴，他想在妈妈回来之前去网吧玩游戏。

在网吧打了两个小时的游戏后，小安才回家。一进门他发现妈妈已经回来了。他害怕极了，心里特别紧张，妈妈严肃地问道："这么晚了你干什么去了？"

因为担心妈妈惩罚自己，小安便撒了谎："我去楼下小强家和他一起做实验了。"

妈妈摸了摸小安的头，没有再问什么就让他去做作业了。后来，在妈妈与爸爸的谈话中小安才发现，妈妈原本知道他去了网吧。因为网吧里吸烟的人很多，妈妈从他身上闻到很重的烟味。他还听到妈妈对爸爸说："我知道小安是个好孩子，他会认识到自己的错误的。"

从那一刻起，小安就下定决心，一定不辜负妈妈的希望，努力做一个好孩子。

孩子犯了错，妈妈没有盲目地对他的错误进行批评和惩罚，而是把握住了孩子的心理和成长的规律，以一颗宽容的心对待孩子。父母通过自身的行为让孩子体验到了宽容的力量，孩子也会学着以宽容之心对待他人。

正直的孩子不会迷失方向

所谓正直，就是指一个人能够公正无私、刚直坦率、不畏权势、敢作敢为，有勇气坚持自己的信念，有能力坚持自己认为正确的观点，而且敢于反对错误的观点。

做人最基本的一条准则就是正直，它是做人的一种美德。伟大的建筑师弗兰克·劳埃德·赖特曾经对美国建筑学的师生们发表讲话，他说："什么是一块砖头的名誉呢？那就是一块实实在在的砖头；什么是一块板材的名誉呢？那就是一块地地道道的、名副其实的板材；什么是人的名誉呢？这就是要做一个正直的人。"

正直的品质并不是与每个人的生命息息相关，但它却成为一个人品格的最重要方面。正如一位古人所说的：即使缺衣少食，品格也先天地忠实于自己的德行。具有这种正直品质的人，一旦和坚定的目标融为一体，那么他的力量就可惊天动地，势不可当。因为正直的人遵从真理和事实，不会因为个人利益而左右摇摆，也不会因自己的喜好而说言不由衷的话；正直的人与人交往落落大方、不卑不亢，绝不会阿谀奉承、溜须拍马；正直的人处理事情，敢于主持公道，伸张正义。

在一所大医院的手术室里，一位年轻护士第一次担任责任护士。"大夫，你取出了十一块纱布，"她对外科大夫说，"我们用的是十二块。"

"我已经都取出来了，"医生断言道，"我们现在就开始缝合伤口。"

"不行。"护士抗议说，"我们用了十二块。"

"由我负责好了！"外科大夫严厉地说，"缝合。"

"你不能这样做！"护士激动地喊道，"你要为病人负责！"

大夫微微一笑，举起他的手让护士看了看这第十二块纱布：

"你是一位合格的护士。"他说道。

原来，大夫在考验她是否正直——而她具备了这一点。

正直使人们具有坚持原则和正义的力量。它包括有能力去坚持你认为是正确的东西，在需要的时候义无反顾，并能公开反对你确认是错误的东西。无论何时，一个正直的人是不会违背自己的原则的，正是由于没有内心的矛盾，才给了一个人额外的精力和清晰的头脑，使他更容易获得成功。

社会所需要的是"正直、诚实、坦率且言行一致的人"，当然，仅仅做到诚实与正直还不足以成功，但是如果你想成功，就不要忘记打出诚实、正直这张牌，只有这样，你才能拥有足够多的支持与信任。

正直是我们应始终坚持的做人根本，只有行得正，才能立得稳。永远做正直的人，永远做正确的事。做正直的人就是做一个坚持原则、尊重科学、实事求是的人；做正确的事意味着做代表大多数人利益的事，即个人利益服从团队利益。正直的人都是道德水准较高的人，他们具有很强烈的道德感，并且高标准地要求自己，随时准备服从自己的良知，勇于坚持自己的信念，在需要的时候义无反顾，不计较自己的利益得失，站出来表达自己的意见。

王刚所在的班里最近老是丢东西，小到吃的，大到学习用品、钱。大家都怀疑是小亮所为，因为小亮的家境很困窘，便一致影射他。王刚和小亮是好朋友，他很了解小亮，相信他不会做这种事，但是却没有办法说服同学们。看到小亮痛苦的样子，王刚也很难过。其他同学看王刚同情小亮，就劝王刚别再理小亮，但王刚始终没有说小亮一句坏话，于是同学们也开始对王刚白眼相向。

王刚把这个遭遇告诉了母亲，请求母亲的支持。母亲给她讲了一段往事：30多年前，母亲在乡下插队，一位跟母亲要好的女友在申请入团时，团支书跟她谈话，要求她同母亲划清界限，因为那时母亲的家庭成分不好。不料，她的回答竟是："那我不入团了。"于是她没有入成。但她依然毫不在乎地跟母亲亲近。母亲觉得自己连累了她，可她说："我相信你是好人。"这件事让母亲越发感到朋友的难能可贵。

这个故事使王刚坚定了自己的立场，增强了信心。后来，班里的盗窃案终于破获，行窃者根本不是他们学校里的人。

这是一位多么睿智的母亲啊，通过一段自身经历的往事教会了孩子坚定立场，保持正直的品质，非常值得家长学习借鉴。

正直不是孤立的品格，它包含着善良、勇敢和无私。只有懂得善，才能分辨恶，只有勇敢才能直言不讳，只有无私才能坚持正义。正直的人会获得友谊、信任、钦佩和尊重，因为正直纯净得几乎脱离了声望、金钱、权力以及任何世俗的东西，只有获得它的人，才能体会它的真谛。

正直就是诚实，前后一致，以负责的态度采取某种行动。我国古代圣人孔子认为"人之生也直"，认为一个人有了正直和正义，就有了做人的根本，正直应是人生的常态、常理，是做人的基本标准。

正直是美德的基石，对孩子来说也是十分重要的。孩子成长的过程，是人格形成的关键时期，也是正直品性养成的时期。因此，父母要重视孩子正直品性的养成。

1.为孩子树立榜样

俗话说："己不正，何以正人？"父母要从自己做起，加强自身的道德修养，做一个正直的人，起到正直的带头作用，在生活中坚持正直的言行。那些不坚持诚实，没有绝对正直品德的父母是很危险的。他们在平时也许是愿意站在正直的一方的，但是一旦关系到自己的利益，如在金钱面前、在名誉面前等，他们就要离开正直，就不说正直话，不做正直事了。

晚上，何亮很苦恼地回到家中，一言不发。妈妈问他怎么了，他说出事情的原委。原来，下午，他们一群男生在小区踢球，不小心踢碎了一户人家的玻璃。人家找来，抓住离他最近的一个同学要找他家去，那个同学吓哭了，真正踢坏玻璃的那个同学知道闯了祸，就是不肯承认，别人也不好意思揭发。哭了的那个同学的父亲下来要打他，何亮忍不住，就说了是谁踢坏了玻璃。后来那个同学就说何亮是叛徒，再也不跟他说话了。

何亮很委屈地对妈妈说："我只是实话实说，明明是他不诚实，为什么要说我是叛徒？"

妈妈脸一沉道："谁让你多管闲事的，好像就你正直似的。别人都不说，你出这个风头干什么？不跟你说话是小事，回头报复你，怎么办？"

你看这位母亲在教育孩子"正直"方面就出现了问题，实际上是在不知不觉中引导孩子偏离"正直"的行为。宋庆龄曾说过："成年人的一言一行，都是孩子的榜样，大人骗孩子，孩子也就学会了欺骗……"因此，在培养孩子的时候，父母要严格要求自己，做一个正直的父母，才能熏陶孩子也成为一个正直的人。

2.对孩子进行是非观的教育

如果缺乏明辨是非的能力，对于世间的善恶正确对错都没有办法判断，更不要说成为正直的人。所以，父母从小就应该让孩子有是非观，尤其是面对很多对错问题的时候，必须要有自己做事的原则，有自己的是非观念，把自己的是非观传达给孩子的同时，还有培养孩子辨别是非的能力，这样才能引导孩子走向一个光明的人生。

例如，平时看电视或者遇到什么事情时，家长不妨给孩子指出哪个是正直的人，让孩子说说自己是否喜欢他钦佩他，如果孩子喜欢他，便告诉孩子，那个人的行事风格就叫正直，给孩子的心上打上"人们喜欢、钦佩正直的人"的烙印。如果孩子不喜欢，家长则要告诉孩子，正直的人做的事情会给别人带来什么样的好处，引导孩子从感情上贴近正直的人，进而喜欢、尊敬他们。

学会忍耐，也就学会了自我控制

忍耐是一种能力，我们不能任何事情都由着性子来，所以我们要学会忍耐。为了孩子更健康地发育，我们要从小培养孩子的忍耐能力。孩子若有了忍耐的品质，就等于有了良好的自控力，工作事业也会获得成功，生活得快乐幸福就是很自然的事情了。

忍耐力是孩子自我控制的表现之一，反映的是一个孩子在面临种种诱惑时，能否为更有价值的长远结果而控制自己的即时冲动，以及在等待期中展示的自我控制能力。

有一个关于幼儿自制力的软糖实验。一位大学教授和幼儿园的老师将一群四岁的孩子召集到一个大教室里，老师在每个孩子的桌上都放了一块软糖，并对他们说："老师要出去一会儿，你们千万不要吃这块糖。如果谁吃了，老师回来后就不再发给他糖了。如果谁能做到不吃这块糖，老师就再奖励他一块糖。"说完，老师就和教授一起在外面观察这些孩子。

刚开始，有的孩子把手伸过去，又缩回来，伸过去，又缩回来。而一段时间之后，有的孩子就开始吃了。但还是有相当多的孩子没有吃糖。他们有的紧紧握住自己的手或数手指头；有的把脑袋枕在手臂上；有的数数，一二三四，不去看糖……老师回来后，就给坚持没吃糖的孩子每人又奖励了一块糖。

实验并没有就这样结束，他们继续跟踪观察这些孩子。等到这些孩子上了小学、初中后，教授及研究人员发现，当初控制住自己不去吃糖的孩子，上了初中以后，大多数表现得很好，成绩突出，合作精神好，也十分有毅力；而那些当初就控制不住自己的孩子，则表现得不够好，不仅是上学时的成绩不好，走上社会后的各种表现也都不太好。

这个实验用于分析孩子承受延迟满足的能力，就是我们平常所说的"忍耐力"——为了追求更大的目标，获得更大的享受，可以克制自己的欲望，放弃眼前的诱惑。实验证明，那些能够延迟满足的孩子自我控制能力更强，他们能够在没有外界监督的情况下适当地控制、调节自己的行为，抑制冲动，抵制诱惑，坚持不懈地保证目标的实现。

然而，现实生活中，不少孩子常常缺乏忍耐力，他们在家里常常是以自我为中心的，自己需要什么就得马上得到。如果不能达到自己的要求就会大呼小叫，让所有人不得消停。这种情况如果得到不正确的引导教育，长大后就可能要承受"恶果"。例如，孩子容易被自己的情绪所左右，稍不如意就觉得无法忍受，不能够冷静地思考解决问题的方法，不能承受挫折，以至于影响自己的工作和生活。

青青已经8岁了，最近妈妈发现她做事没有耐心。例如，在游乐场看到滑梯，无视小朋友排队轮候，硬要抢先去玩；上兴趣班，发现自己练得不好，就随便放弃，不再坚持；当欲望未能及时被满足时，就立即发脾气，甚至情绪失控；每次妈妈带青青到外面喝热饮，都得反复提醒她耐心等待，可她总是听不进去，直到有次被烫疼了，才知道厉害……面对青青缺乏耐心的性格，妈妈真是无计可施。

像青青这样耐不住性子的孩子，在我们的日常生活里并不少见。很多父母认为，这可能和孩子本身的性格有关，属于"先天"范畴，很难改变的。其实并非如此。之所以这样，先天因素只占很少一部分，更多的原因还是来自于孩子受到了太多的宠爱，凡事都要"唯我是从"，大人稍一耽搁，他就急不可耐，哭叫连天。如果家长妥协，那么孩子的急性子可能就会变本加厉，越来越容易急躁，越来越没有耐心。

显然，百依百顺、有求必应对孩子是无益的，让孩子学会等待与延迟满足，才是一生幸福的基础。当然，延迟满足不是单纯地让孩子学会等待或压制欲望，而是一种克服当前困难、获得长远利益的能力。

在孩子的成长过程中，家长需要从生活中一点一滴的小事做起，培养孩子耐性，技巧就在于"延迟满足"，让孩子学会等待，学会通过自己的努力，得到自己想要的东西，帮助孩子提高自控能力，学会忍耐、坚持不懈地朝着目标努力。

法国教育家卢梭在《爱弥儿》一书中问家长："你知道用什么办法准能使你的孩子得到痛苦吗？这个办法就是：百依百顺。"想要什么马上就能有什么，会使孩子变得越来越任性，越来越贪心。而一旦离开家庭走入社会，那种任性、暴躁、急功近利的性格一定会令他们饱受挫折和打击。而如果我们让孩子学会"等待"，孩子就会更加珍惜来之不易的幸福。例如，对每次都把零花钱很快花光的孩子，家长可以说："如果你能忍住一星期不花零花钱，下周可以加倍给你，你可以攒起来买你需要的大东西了。"这样一来，孩子就学会了等待，学会了忍耐，克制了自己花钱的冲动。再如，一桌晚餐摆放在桌上，孩子的爸爸还没有回来，宝宝就嚷着要吃，家长不要立即满足他。我们可以这样对孩子说："爸爸的肚子也很饿呀！可还在辛苦地工作。我们等爸爸回来，一家人在一起吃饭，那该多幸福呀！"在这等待的过程中，孩子忍住自己的饥饿，期盼着爸爸的回来，既是对孩子忍耐性的考验，也是教育孩子学会分享、关爱他人的佳机。

一位父亲发现儿子干什么都没有耐性，孩子虽然喜欢听故事，但也听不了几分钟就厌烦了。一次，父亲又邀请儿子听故事，但是这次，父亲拿了一个沙漏，而沙漏每次漏完的时间是3分钟，父亲告诉孩子："沙漏漏完，听故事活动就结束了！"儿子也高兴地答应了。

第一次，儿子虽然看起来在静静听爸爸讲故事，但他根本没有留意故事的内容，而是一直看着那个沙漏，3分钟一到，就起身跑去玩了。但父亲没有因此而气馁，这样数次之后，孩子的视线渐渐由沙漏转移到故事书上。

渐渐地，大家虽然约定3分钟，但3分钟过后，因为故事情节的吸引，孩子听得特别入神，就要求延长时间，但父亲坚持"3分钟"约定，没有继续讲下去。孩子为了早点知道故事情节，就自己主动阅读了。孩子自己一读进去，时间就很长了。

上例中的这位父亲从孩子的兴趣出发，循序渐进地训练了孩子，使孩子的耐心渐渐地得到了提高。

对于孩子的要求和欲望，我们得适当地延迟满足。如果对孩子提出的要求，父母总是立马满足的话，那么孩子就不会具备等待的耐心，容易急躁。相反，如果能够延迟满足孩子的要求，则能在一定程度上让孩子学会克制。比如，当孩子想买某个很喜欢的玩具，父母可以有意识地推后一段时间再给他买。当然，这种暂时的拒绝不能太生硬，而应选择一种温和的容易让孩子接受的方式。如果能够长期如此，就是一种对孩子自制力的很好的锻炼方式。

孩子产生"欲求过分"的问题，表面上看原因似乎在孩子身上，实际上根源还在家长身上，是家长的"有求必应"行为滋长了孩子的这种习惯和心态。因此，家长从现在开始，让孩子学会多等待一会儿。

1.让孩子等一等

愿意等待表示这个人有耐心、能忍耐。而孩子一般想要什么，都着急得一定要马上得到。这个过程中，父母就要让孩子学会等待，孩子的要求即使是合理的，也可以等一会儿再满足他。例如，孩子想喝水，这个要求当然可以马上满足，但是家长可以告诉孩子："水有点烫，我们等一下好吗？妈妈（爸爸）帮你吹，一会儿就能好。"让孩子试着等待几分钟，让孩子知道什么是等待。等到孩子大一点，可以逐渐延长这种等待。例如，夏天孩子喜欢吃冰棍，但又不宜多吃，父母可以告诉孩子："吃多了会肚子疼的，所以一天只能吃一支，你今天已经吃过了，只能等到明天再吃了。"让孩子有希望，延缓满足他的要求，既不会伤害孩子，也锻炼了他的耐心。

2.让孩子通过努力取得成就

在延缓满足孩子要求的同时，也可以锻炼孩子的其他能力。例如，孩子想要某个玩具，而你觉得可以买给孩子，这个时候最好不要马上给孩子买，可以告诉孩子："你可以得到这个玩具，但妈妈（爸爸）有个小小的条件，那就是你每天都要自己叠被子，如果你能坚持一周，妈妈就买给你。"这样的做法有很多好处：首先，能锻炼孩子的耐心，让他克制自己的欲望；其次，能锻炼孩子的自理能力；最后，能让孩子明白，只有通过自己努力付出才能有收获。

3.让孩子在困难中磨炼耐心

忍耐力是在困难中磨炼出来的，越是在艰难的条件中，越能锻炼孩子的忍耐力。父母应该有意识地给孩子设置点儿障碍，让他自己去克服困难，鼓励孩子做事不能半途而废，每一件事都要经过努力才能做好。当孩子通过努力完成一件事时，父母还应当及时表扬，以强化他做事有忍耐力的良好习惯。

勇敢的孩子是教出来的

勇敢是人的重要性格品质之一，纵观古今中外有成就的人，无一不具备勇敢的品质。美国前总统罗斯福就曾经说过："害怕，这是我们唯一要害怕的东西。"可以说，勇敢是强者的首要品质。父母应该在孩子小的时候就把勇敢这件有力的武器交给孩子，让他们在人生道路上一步步成为强者，最终实现自己的人生价值。

然而现实生活中，在很多孩子身上难以看到勇敢的品格。看见虫子就惊叫，听到打雷就发抖，见到陌生人大气都不敢出，天黑了不敢出门，上课不敢回答老师提问，看了恐怖电视夜里睡不着觉，甚至被人欺负也不敢反抗……越来越多的孩子变成了温室花朵，无法面对成长中的挫折和竞争激烈的社会现实。缺乏勇敢，已经成了现代孩子的主要心理疾患！

1996年，全国少工委、《中国少年报》和中国青少年研究中心少年儿童研究所联合调查组，对全国中小学生进行了大规模的问卷调查，在"你的主要缺点"一项调查中，16350名小学生有31.2%的人选择了"胆小"这一缺点，百分比占据26项缺点的第一位。5560名中学生有28.2%的人选择了"胆小"这一缺点，百分比占据27项缺点的第三位。在"你的主要优点"一项调查中，"勇敢"这一优点排在26项优点的倒数第五位（中学生)和倒数第三位（小学生)。胆小，成了当代儿童突出的道德缺陷之一。

胆小的孩子是没有出息的，歌德说过："你若失去了勇敢——你就把一切都失掉了。"教孩子勇敢已成为家庭教育的当务之急。

其实，造成孩子缺乏勇敢精神的原因是多方面的，主要是环境与教育的影响。俗话说："初生牛犊不怕虎。"其实，孩子很小的时候是不知道害怕的，但是由于很多家长对子女过于关注，担心孩子受委屈、受伤害，当孩子面临小小的困难或考验时，马上就把孩子置于"保护伞"下，剥夺了孩子锻炼勇敢品质的机会。如此以往就造成孩子胆小怕事的个性，以至长大后都很难纠正。

16世纪法国的著名作家蒙田说："在全部的美德之中，最强大、最慷慨、最自豪的，是真正的勇敢。"德国伟大作家和诗人歌德说："你若失去了财产，你只失去了一点；你若失去了荣誉，你就失去了许多；你若失掉了勇敢，你就会失去一切。"所以家长应该意识到，勇敢的品质对孩子的成长非常重要，要在教育中培养孩子勇敢的品质。

　　道格拉斯·麦克阿瑟是美国历史上最年轻的将军，是美军少有的五星上将之一。他功成名就后，曾动情地谈及他的往事，说："我有个幸福的家，有令我骄傲的父母亲，有回味无穷的童年。"

　　麦克阿瑟的父亲生性勇敢、坚强，具有惊人的毅力，他很希望儿子具有这种性格。在麦克阿瑟五六岁时，父亲就教他骑马和打枪，还曾经用了整整两个晚上，亲手制作了一把精美的木剑，作为圣诞礼物送给了他。许多年后，麦克阿瑟还就此对人说："它使我兴奋不已。挥舞着它，仿佛自己就已经成为一名骑士——勇往直前。"

　　然而，有一次却异乎寻常。麦克阿瑟挥舞着那把木剑随父亲出外打猎，突然从树林中窜出一只豹子，呼啸着朝他奔来。他顿时惊慌失措，拼命跑到父亲身后，紧紧地抱着父亲的身体。同时，木剑也掉在了地上。父亲鸣枪吓跑豹子后，生气地对他说："道格，要勇敢，要做个真正的男子汉！人如果总是这么胆小，将来一旦发生战争，谁敢去杀敌报国呢！永远不要忘记，你是军人的儿子！"说罢，帮他捡起了木剑，重新交到他手中。

　　时隔不久，麦克阿瑟随父母去砍香蕉树，不慎被镰刀划破了脚，但他忍住疼，没有告诉任何人。两日后，他的伤口恶化，腐烂化脓。父母发现后，马上给他敷药治疗。当时，是先用盐水来清理伤口的，其滋味可想而知。但不满8岁的他，却始终咬着牙，没叫一声疼。父亲又惊又喜，心想：也许，他真能成为一个勇敢的军人？

　　麦克阿瑟果然没有辜负父母的期望，成为一位勇敢的将军。

　　孩子作为未来世界的主人，需要具有勇者的气质，敢于面对一切强手，具有无所畏惧、不屈不挠的心理素质和竞技状态。因此，要想让孩子在学习、生活中获得成功，就应该从小培养孩子勇敢的品质。

　　孩子的勇敢不是天生就有的，这离不开父母的培养。生活中，只有大胆放手让孩子去做事，让孩子在生活中接受锻炼，才能使孩子变得勇敢，变得坚强，成为一个富有勇敢精神的人。

1.鼓励孩子主动去冒险

爸爸和7岁的儿子乐迪打羽毛球时，不小心把球打到了瓦房的屋顶上。乐迪仰着头，看着屋顶，一筹莫展，这时爸爸说："如果我搬来梯子，你有勇气上去把球取下来吗？"乐迪想了想，摇摇头说："太高了，我怕。"爸爸说："其实没什么可怕的，只要你双手抓好梯子，一步一步就上去了。"说完，爸爸搬来了梯子，对乐迪说："来吧，勇敢的小家伙，你一定能把球取下来。"乐迪答应了。在爸爸的指导下，乐迪出色地完成了任务。当他从梯子上下来的时候，脸上洋溢着兴奋的神情，说："太刺激了，很好玩。"

鼓励孩子去冒险是一个能让孩子变得更勇敢的好方法。在日常生活中，如果有适当机会，父母就应该提倡孩子主动去冒险。为了取得鼓励效果，父母可以说："做得不错，我第一次做的时候还没有你做得好呢！"当然，即使孩子做得并不是很好，父母也不应该泼冷水，而应该鼓励孩子："孩子，你还真行，第一次就能做到这样，下一次肯定会更好！"

2.给孩子尝试的勇气

对孩子勇气的培养往往取决于父母的态度。如果为了孩子的安全总是倍加呵护、怕这怕那，使孩子失去锻炼的机会，这样的孩子就不可能具备勇敢的精神，长大后就会变得畏手畏脚。所以要想你的孩子变得坚强、勇敢起来，就要鼓励孩子勇敢地尝试。

妮妮小的时候，对水非常惧怕，甚至洗澡也只敢洗淋浴，不敢用澡盆。爷爷奶奶怕孩子溺水，更是从来不敢带孩子去游泳馆。

可是妈妈却不这么认为，女儿只有3岁的时候，她就带着她去了游泳馆，给她套上游泳圈，让她在儿童浅水区玩。在这个人多的场合，最开始妮妮不敢下水，妈妈就大声地鼓励她去尝试，终于，女儿在水池里欢乐地撩起了串串水花。后来，妈妈又鼓励女儿参加了游泳队。现在，妮妮已经成为学校游泳队的小队长啦!

在妈妈的鼓励下,妮妮从最初的怕水到大胆地尝试,并最终成为了游泳队小队长,进步可以说非常大。显然,这个过程提升了妮妮的勇敢品质。

孩子有时会拒绝尝试新的或他们认为困难的事,但如果父母能启发他们找到解决问题的方式,或帮他们将目标确定成"试一试",孩子的内心会轻松许多。作为家长的你能够给他及时的激励,让他鼓起勇气再试一次,那么在你的支持和鼓励下,他一定会克服困难,获得成功。

克服优柔寡断,让孩子果断起来

在日常生活中,我们常看到有些人办事或与人交往时,缺乏应有的气魄,当决不决,应断不断,自己刚刚决定的事情,马上又推翻了。其实这并不是什么小心谨慎,而是缺乏果断性。

对成功者来说,优柔寡断是致命的弱点。古人云:"当断不断,反受其乱。"顾虑重重,怕这怕那,畏畏缩缩,往往会贻误时机,后悔莫及。世间最可怜的,是那些做事举棋不定、犹豫不决、不知所措的人,是那些自己没有主意、不能抉择的人。这种主意不定、意志不坚的人,难以得到别人的信任,也就无法使自己的事业获得成功。

岳鹏还有半个月就大学毕业了。一天,他接到了准备聘用他的那家广告公司打来的电话,说现在策划部急需一个人,如果可能的话过两天就来上班。岳鹏为此事而感到忧心忡忡，虽然这是他向往已久的一家知名的广告公司，可是此刻他真的没想好到底要不要去。

因为他的爸爸是个小有名气的企业家。通过关系，岳鹏的工作解决了，是他们当地最有名的一家国有企业。据说工作很轻松，用不了两年就可享受公务员的待遇。

两份好工作，让岳鹏陷入了两难的境地。留在北京意味着在这偌大的城市里，岳鹏只有靠自己的打拼谋求一席生存的空间，今后的生活面临的无疑是未知的困难与挑战。而回到父母身边，则什么也不用自己操心。难道年轻的岳鹏能够这么轻易就放弃自己一直以来的理想与追求？周围的同学、朋友众说纷纭，搞得岳鹏也不知道哪个是对，哪个是错。

两天的时间很快就过去了，但岳鹏还是犹豫。最终，他没有踏进那家广告公司的大门。

在父母的一再催促下，岳鹏终于踏上回老家的列车。在父母的安排下，岳鹏糊里糊涂地进了那家国企。上班没一个月，他就开始厌倦这种生活了。

辗转反侧很长时间，岳鹏想，要不再给那家广告公司打个电话，或许还有希望。拨通了广告公司的电话，岳鹏才明白，在犹豫不决中，他已经失去了机会。

这个故事告诉我们：优柔寡断和拖泥带水，只能坐失良机。心理学认为，一个人遇事反反复复、犹豫不决、总拿不定主意的现象，是意志薄弱的表现，它直接影响着一个人选择能力的形成，而选择能力的强弱又对人的成功与否起着至关重要的作用。可以说，人是在各种各样的选择中度过人生的每一步的。其中，有些选择会直接影响自己或他人一生的命运。而优柔寡断、犹豫不决，正是选择的大敌。

优柔寡断是人的性格和思维判断不确定造成的。据心理学家研究，这种性格的形成要追溯到童年，很可能是父母影响的结果。有很多孩子从小在备受溺爱的家庭中长大，过着"衣来伸手，饭来张口"的现成生活，父母、兄弟姐妹是其拐杖，遇事易出现优柔寡断现象。还有的孩子从小管束太严，这种教育方式教出来的人只能循规蹈矩，不敢越雷池一步。一旦情况发生变化，他们就担心不合要求，在动机上左右徘徊，拿不定主意。

　　小亮上三年级了，可做事总是犹豫不决。有一次，爸爸带小亮去超市，为了锻炼小亮，就给了他100块钱，让他随便买东西再自己去付款。

　　小亮拿着钱，在超市里转来转去，挑来挑去，就是拿不定主意。30分钟过去，还是没有收获。爸爸看到儿子在超市买东西犹豫不决时，就有点生气，但又不知道该怎么教育儿子。爸爸觉得：作为男孩子，做事优柔寡断、没有主见，这是不好的性格。这种状况会不会是孩子不良性格的反映？会不会影响他以后的发展？

　　研究表明，孩子优柔寡断有一定的普遍性。孩子做事不会天生就果断，父母应注意教育孩子，并让孩子在自我锻炼中培养果断的意志品质。

　　果断是成功者的一种优秀的意志品质。一个人如果具有这种心理品质，就会使决策行为表现得当机立断，毫不犹豫。人们常称赞有些人有"魄力"，在关键和危难时刻敢迎难而上，当机立断，毫不畏惧。所以，父母应该从孩子小时候就培养孩子的果断行动力，让孩子成为能够在机会面前当机立断的人。

　　1.培养孩子的独立性

　　容易优柔寡断的孩子多缺乏很强的独立性，他们遇事总喜欢依赖父母，让父母帮自己拿主意。所以当遇到需要自己拿主意的时候，就显得左右为难，不知道该怎么办好了。所以，培养良好的自信、自立、自强、自主的意志力，培养孩子的独立性是非常重要的。

　　2.让孩子表达自己的想法

　　很多时候，家长让孩子做事，都是命令的口气，不给孩子表达意见的机会。长此以往，孩子就只能逆来顺受，按照指令做事。一旦没有父母的指令，自己就不知道如何做出选择。其实，每个孩子都有自己的看法，家长们应该多让孩子表达自己的想法，征求孩子的意见，问孩子想不想吃、想不想去玩，等等。如此一来，就可以逐渐培养孩子的决策能力。

3.把选择的权利交给孩子

给予孩子做决定的机会，可以培养孩子的果断性。所以，日常生活中，父母要把选择的权利交给孩子，尊重孩子的选择，并支持孩子合理的决定。

富可敌国的世界首富比尔·盖茨小学毕业后，父母将他送进了西雅图市一所名叫"湖滨中学"的私立中学。

盖茨中学毕业时，很想进入哈佛大学读书，这也是父母的最大心愿。但是在专业的选择上，父亲与儿子却发生了严重分歧。盖茨的父亲在美国律师界的声望很高，他十分希望子承父业，所以主张盖茨选择法律专业。但盖茨对学法律当律师没有多大兴趣，他热衷的专业是数学和计算机。

父亲经过冷静思考，意识到若强迫盖茨学法律，只会扼杀他在计算机方面的特殊天赋，对儿子的长远发展肯定是极其不利的。最后，父母尊重了盖茨的专业选择，决定由儿子做主，让他在计算机领域自由发展。

然而，更大的分歧出现在盖茨进入哈佛仅仅一年后：盖茨决定离开这所世界一流的学府，与朋友一起创办计算机公司。这对他的父母来说是一个棘手的难题，他们百思不解，开始时也极力反对，但到最后不得不尊重儿子的选择。

比尔·盖茨自己做主的这次重大选择，无疑改变了他的一生，奠定了他成为全球"电脑王国"无可争议的领袖地位的基础。

比尔·盖茨的成功，很大程度上在于，他果断的选择与父母的理解和支持。

孩子的决策力和果断性往往表现在他的选择上，但家长由于怕孩子自己选择错了，总是不敢把选择的权利交给孩子。可是，如果从来不给孩子选择的权利，他也就永远学不会选择，永远没有果断性。在日常生活中，父母要让孩子学会自主选择，多给孩子选择的机会，这样一来，孩子就会感受到他们被尊重、被信任，从而带给他们自信和成就感，使他们感受到自己能把握生活。

第三章
习惯养成：
把自控基因
植入孩子的生活里

你有多守时，就有多自控

守时，是现代人所必备素质之一。现代生活节奏的加快，更呼唤着人们的时间意识。然而让人遗憾的是，现在的很多孩子都不懂得这一礼貌。在我们的生活中，不守时的现象比比皆是，如上学迟到、考试迟到、和朋友约会迟到等。小的时候学不会守时，养成习惯了长大后依旧会如此，这种不守时的行为不但给他人留下不好的印象，还可能影响到孩子的生活以及今后的发展道路，给孩子的人生留下不可估量的损失。所以，守时的习惯应该从小养成，记住要及时帮孩子纠正不守时的坏习惯。

有一个女生，外表看上去非常讨人喜欢。她的脸型，配上她苗条的身材，显得特别清新飘逸，她的一双美腿走起路来轻盈极了。她喜欢穿淡雅服装，特别喜欢穿轻纱罩着的裙子。她的谈吐也非常斯文，亲切的话语交织着清甜的笑声，跟她在一起，令人神爽意新，心神舒畅。像这样的一位小姐，怎么会令人不愉快呢？

然而，她有一个很令人头痛的坏习惯：不守时间。

许多次，朋友们在车站等她一起去旅游，大家都到了。而她左等也不来，右等也不来，有的人坚持要等她，有的人老早就不耐烦了。

终于，她来了，仍然那么轻盈，那么潇洒，那么清新飘逸，同时又那么清甜，那么愉快，那么悠然自在若无其事，在别人的埋怨声中，她竟连一句道歉的话也不说。

我们不知道她的心里是怎么想的，不过，渐渐的她就被排除在社交生活之外了。因为人们对她越来越反感，觉得她每次都浪费别人这么多时间，实在是一种不可饶恕的行为。

德国民间就流传着这么一句话："准时是帝王的礼貌。"守时就是遵守承诺，按时到达要去的地方，没有例外，没有借口，没有理由，任何时候都得做到。即便你因为特殊原因不得不失约，也应该提前打电话通知对方，向对方表示你的歉意。这不是一件小事，它代表了你的素质和做人的态度。这里不是要告诉你守时这条原则的重要程度，是要告诉你一些它如此重要的原因。如果你对别人的时间不表示尊重，你也不能期望别人会尊重你的时间。一旦你不守时，你就会失去影响力或者道德的力量。

张良是我国秦汉时期的著名谋士，据说张良在少年的时候，有一天，在一座桥的旁边，见到了一位白胡子老人。

老人看到小张良走了过来，就故意把鞋扔到桥下面去了。老人接着对张良说："小孩！你下去，给我把鞋捡上来！"张良看他是个老年人，而且行动不便，于是就下去把鞋捡了上来。可是那老人又把脚伸到他面前说："再给我穿上。"张良于是又给老人穿上了鞋。那老人笑了笑说："你这个小孩子不错，我想教你学点儿本领。五天以后，你还来这儿等我。"张良连忙答应了。

到了第五天的早晨，张良刚走上桥，就看见老人已经坐在桥上了。老人非常生气地对他说："你怎么让老年人等你呀？你再等五天吧！"

又过了五天，张良一听见鸡叫，就连忙起身往桥边走去，可这次老人还是比他先到了。张良感到很惭愧，连连向老人认错。老人也没责怪他，只是让他五天后再来。

这一次，在第四天的晚上，张良居然没睡觉，在半夜的时候就去桥上等着。过了一会儿，老人走过来了。看到张良总算按时来了，他高兴地说："小孩子要学真本事，就需要这样啊！"紧接着，老人从怀里取出了一本兵书，他递给张良说："回去好好读一下这部兵书，你就一定能够成就大事业。"从此以后，张良就开始废寝忘食地钻研这部兵书，最后他终于成了一位非常著名的谋士。

不可否认，这位老人是诚心教导张良的，所以才会给他三次机会。如果在张良第一次迟到的时候，老人就拂袖而去，那么张良岂不是错失了成才的大好机会？

守时是尊重别人的开始，也是尊重自己的表率。守时的习惯代表你对自己的控制能力。如果一个人平常的举止行为，没有办法守时的话，那他做什么事情都难以如期完成。

守时是一种美德。对于不守时的人来说，浪费的不仅仅是自己的时间和生命，同时也在消耗别人的时间和生命。守时是尊重别人的时间和尊重自己的时间。尊重别人的时间相当于尊重别人的人格、权利，尊重自己的时间则无疑是珍惜自己的生命。因此，守时的孩子更容易获得他人的尊重。每次的守时，都会给对方留下良好的印象，从而为自己赢得更多的朋友。不遵守时间的人，在浪费自己和别人宝贵时间的同时，也会失去朋友，有谁愿意和一个不懂得珍惜时间、不懂得尊重他人的人做朋友呢？不守时只是一个表象，深层次的原因源于对时间的轻视和对别人的漠视，所以说，守时不单单是礼貌问题，更是人格问题。

一个守时的人定是一个懂得珍惜时间的人，不仅仅要注意不浪费自己的时间，也要时时注意不能够白白浪费别人的时间。管理好自己的时间，就是让自己无论在做什么事的时候都能够轻松应对、游刃有余。一个守时的人，必将获得别人的尊重，也必将赢得自己的成功。家长一定要帮孩子养成守时的好习惯。

1.培养孩子的时间观念

有位爸爸在事先约定好的地方等待孩子一起去看电影，但是过了约定时间，孩子还没有出现。爸爸开始担心孩子是不是出了交通事故，虽然觉得孩子应该不在家里，但还是往家里去了电话。

接着，本来应该在来路上的孩子的声音出现在电话里："玩电脑忘记了时间。"爸爸呆然无语，也不听孩子的哭泣道歉，取消了看电影的计划，回到家就严厉地批评了不遵守约定的孩子。

守时就是要求孩子有良好的时间观念，而培养孩子良好的时间观念，养成不拖拉的好习惯，应该从孩子小时候抓起，让孩子在很小的时候就感知时间，懂得及时完成答应别人的事。如果孩子不守时，而我们又一次次地原谅他，他就没有机会认识到守时的重要性。人们常说"一寸光阴一寸金"，时间和机会一样从来不等人。所以，我们要让孩子懂得珍惜时间，同时也要珍惜他人的时间，不要总是迟到，让别人等待自己。

2.给孩子讲道理

给孩子讲道理是必要的，孩子只有明白了其中的道理，才有可能从行动上进行改变。但给孩子讲道理不能简单空洞地说教，而要结合具体的实例，家长可以将下面这个故事讲给孩子听，让他们在故事中学会珍惜时间，不迟到，做个守时的孩子。

美国第一任总统华盛顿对守时极为坚持。他自己总是守时，也要求旁人能做得到。有一次他的秘书告诉总统自己的表慢了点，所以迟到了，华盛顿对他说："那你换表，或我换秘书。"另一令人乐道的逸事是他对准时吃饭的坚持。他每天都准时在下午四时用餐。有一次他宴请国会议员，但众人迟到了。大家进入饭厅的时候赫然发觉他已吃了一半，他冷静地对宾客说："我的厨师永远不会问宾客到了没有，只会问时间到了没有。"

类似守时的小故事很多，鲁迅"时时早，事事早"的故事也同样可以讲给孩子听，达到教育的目的。

3.对孩子进行指导和督促

守时也是守约的一种表现。小孩虽然重视与朋友间的约会，但自我控制能力不足，有时因贪玩或留恋某一件事，不能准时赴约，或因时间观念不准确，而错过约定时间，父母有责任提示孩子约定时间。比如，孩子和同学约好了出去玩，家长可以提前问一问孩子"准备好了吗""你们几点钟出发"，提醒孩子按时赴约，守时守信。家长平时要注意做个有心人，抓住孩子生活中的点点滴滴，有针对性地对孩子进行具体的指导，对的给予肯定和支持，不对的帮助其分析和思考。

4.为孩子做出守时的榜样

和其他好习惯的养成一样，培养孩子守时的好习惯，家长同样要以身作则。答应孩子的事要做到，说好6时起床决不赖床到7时，说好5时去接他回家，就不要让他等到5时半。同时，还要办事麻利，不要拖拖拉拉。不仅如此，还要在工作、生活、言行等方面都尽量做遵守时间的榜样。平时，若答应孩子干什么或到什么地方，都要准时做到，决不拖延或改换时间。即使有特殊情况导致不遵守时间的现象，一定要向孩子道歉，并说明原因，使孩子知道父母不是有意的。通过长期的教育和榜样行为的影响，孩子遵守时间的行为习惯不仅能得到发展和巩固，而且也使孩子初步懂得遵守时间的重要性。

你不理财，财不理你

理财是人生的重要一环，它不仅是成人必备的，也是孩子不可或缺的课程。正确的金钱观和理财方法，会成为孩子未来事业、生活的好帮手。

理财是一个过程，包括挣钱、消费、储蓄。父母亲指导孩子理财，是指让孩子了解、参与、实践挣钱、消费、储蓄的全过程，让孩子知道花钱容易挣钱难，挣了钱也不能全部花掉，还要储蓄，保证"财务安全。"

长期以来，我国绝大多数的孩子终日被埋在书堆里，即使"减负"后，父母们在课外也都倾其所有地让孩子们接受一些电脑、书画、琴棋、体育等方面的教育，而唯独忽视了对孩子理财方面的教育。

如今，由于孩子能从大人手里轻松得到钱，而且有求必应，财源滚滚，所以，很多孩子也学大人，讲究吃、喝、穿、用的高档次，有钱就花出手。孩子们的理财观念也就随之越来越差，甚至上大学及工作以后，理财方面仍是一塌糊涂。

媛媛小时候特别顽皮，经常哭着跑到妈妈身边说："妈妈，我的书包旧了不好看了。"妈妈会给孩子擦去眼泪，然后对孩子说："别伤心了，乖，明天给你买个新的漂亮的。"有时，媛媛不小心把铅笔弄丢了，就跑到妈妈身边哭诉："妈妈，我的铅笔不见了，不能写作业了。"妈妈照常给孩子买了一支新铅笔。媛媛看到别人的新衣服不高兴了，妈妈就会对孩子说："乖孩子，妈妈明天也给你买新衣服好吗？穿新衣服媛媛就更帅了！"当然，平时媛媛想吃什么，妈妈都会满足她，有时给她买，有时也会给她钱让她去买。

媛媛长大后对什么都不在乎，不爱惜，既是"年清族"，又是"月光族"，衣服物品常买常丢，总是在领到薪金后的几天内，把钱花得干干净净，然后回去对妈妈说："妈，我手上没有钱了，你先给我点吧。"妈妈已经上年纪了，不能挣钱了，看着自己一辈子的积蓄慢慢被掏空，真不知道孩子以后怎样生活。

显然，上例中的媛媛从小没有养成良好的理财习惯，也不理解父母的辛劳，更不知道金钱来之不易，从而导致花钱大手大脚。孩子乱花钱，消费大手大脚的坏习惯让许多父母很是头痛。的确，这种坏习惯损失的不仅仅是金钱，更重要的是损害人的精神，甚至会形成孩子成长的致命缺陷。

一项对2000余名未成年犯和1000余名普通未成年人的调查显示，未成年犯的零花钱明显高于普通未成年人，而且在所有犯罪类型中，因为抢劫、盗窃等与"钱"有关的罪名而入狱的孩子占到全部未成年犯的70%以上。未成年人对金钱的认识及走上犯罪道路的教训，反映出缺乏对孩子的理财教育。没有受过理财教育的孩子只知道花钱，缺乏正确的消费观念和创造财富的能力，所以我们要对我们的孩子进行理财教育。

理财是一种生存技能，让孩子学会理财是非常现实的选择。理财教育是家教的有机组成部分，是与伴随孩子健康成长的方方面面问题息息相关的。从小就有意识地培养孩子的理财能力，指导孩子熟悉、掌握基本的金融知识与工具，从短期效果看是养成孩子不乱花钱的习惯，从长远来看，将有利于孩子及早形成独立的生活能力，使其在高度发达、快速发展的时代中，具有可靠的立身之本。

总之，"理财教育"要从孩子开始，这不但可以让孩子在接受"理财教育"的过程中，正确对待金钱、运用金钱，学到一些判断价值和培育道德的尺度，树立自尊、自立和责任感，促进其个性能力的发展，还能为其长大后独立理财和开拓成就一番事业，打下一个较好的基础。

1.培养孩子储蓄的习惯

从小对孩子进行理财教育，教给孩子一些理财方法是每位父母义不容辞的责任。家长不仅要满足孩子对金钱的认识，还要训练孩子的理财能力，并在生活中培养孩子储蓄的习惯。

有一天，欣欣和妈妈去逛街，她站在一个橱窗外面，盯着里面一辆漂亮的粉红色的自行车。

妈妈问道："你想要吗？"

"嗯。"欣欣点点头。

"那我们去看看多少钱。"

欣欣和妈妈走进去一看，自行车上面标价：768元！好贵啊，欣欣和妈妈都感叹！但欣欣实在是喜欢，这时妈妈说："如果你真的想要，就用自己的钱买。"

回家后，欣欣拿出自己的存钱罐，里面的钱可真不少，有100一张的，有几毛一张的；有纸币，也有硬币。她把钱全部都倒出来，数了好几遍，只有500多元。这可怎么办呢？还差200多元呢？

为了买到心爱的自行车，欣欣决定开始攒钱，在妈妈的指导下，她做了份攒钱计划表：

1. 将400多元存入银行，这样每个月会有一点利息；
2. 到外面捡空瓶子，和家里的废品一起卖掉，总共卖了30元；
3. 欣欣每个月有10块钱零花钱，一分也不花，都攒着。

就这样，5个月后，欣欣竟然攒到了将近800元。

星期天，她欣喜地拉着妈妈陪她去买自行车，妈妈怀疑地问："钱攒够了吗？需要我给你添一点吗？"

欣欣一脸自豪地回答："不用啦，买了自行车，我还有剩余呢！"

欣欣终于买到了自己心爱的自行车，开心地在花园里骑起来。

欣欣通过自己攒钱，买到了自己喜欢的自行车，其实，欣欣攒钱的过程就是理财的过程。

财富是通过积累而得来的，储蓄的重要意义在于积少成多。家长要让孩子感觉到虽然每一天储蓄的数额很少，但日积月累，就会达到一个大的数字，从而实现自己的目标。

2.帮助孩子学会有计划地消费

现在孩子们大多有这样的毛病：父母给多少就花多少，花完了就跟父母要，花钱没有节制。

李刚是小学五年级的学生，父母都在做生意，家里经济条件比较好，所以对李刚的花用也十分大方，只要李刚需要，不问原因，要多少给多少。这样，李刚逐渐就养成了大手大脚花钱的毛病，学会了铺张浪费，不但吃要最好的，穿要名牌，同时还养成了请人吃饭的习惯。

有一次，李刚过生日，说要请班里的同学吃饭，开口就向父母要500元钱。此时，李刚的父母才感觉到孩子太过于奢侈了，因为他们平常与朋友礼尚往来请客吃饭也不过这个数目，因此拒绝了孩子的要求。

可是，李刚已经习惯了大把地花钱，请同学们吃饭的话也说了出去，认为不那样做面子上过不去。就趁父母不注意，偷着打开妈妈的钱包拿走了500元钱。李刚的父母知道后，为以前对李刚花钱没有控制而后悔莫及。

显然，故事中李刚的父母在教育孩子使用零花钱方面是失败的。那么如何指导孩子合理使用零花钱呢？首先，家长给孩子零花钱要有计划，要限制数额，不应有求必应，应根据孩子年龄大小、实际用途和支配能力，定时定量给予。其次，家长要问清每次钱都花在哪里，如果最近阶段钱的去处无法说明，家长应暂停"发放"，弄清楚钱的去处再考虑。

3.让孩子自己劳动去挣钱

要让孩子懂得，挣钱是不容易的，钱应该是通过劳动换来的，不应该是要来的。家长要有目的、有计划地给孩子创造自己劳动挣钱的机会。

一天，一个六七岁的小男孩静静地坐在小公园的大树下。在他面前的地上，摆着一堆包装好的图片卡。其他孩子都在公园里跑着玩，只有他一直没有动。

一位抱着孩子的阿姨好奇地走过来问："小朋友，你摆在地上的图片卡是要卖的吗？"小男孩点了点头。这时，那位阿姨怀里的孩子被眼前的卡片吸引了，伸手要拿。男孩对阿姨说："阿姨，小弟弟很喜欢，您给他买一包吧！我卖得不贵，只卖五毛钱！"

那位阿姨听后，边掏钱边问道："你自己出来做这件事，你父母知道吗？"男孩回答说："知道，是他们鼓励我做的！"

这个小男孩很让人钦佩，其他孩子都在玩时，他不为所动，一直坐在大树下做他的"生意"。而他的父母对他的教育方式，也值得我们学习。他们舍得让男孩吃苦，让男孩自己体验挣钱的经历，进而体会到父母挣钱的艰辛。

鼓励孩子自己挣钱，是以培养孩子富有开拓精神、能够成为一个自食其力的人为出发点的。只有体会到了挣钱的不易，孩子才会改正大手大脚、挥霍浪费的坏习惯，而开始精心地计划自己的财务收支，这样就逐渐提高了他的理财能力。孩子在体验中也学会了理财的方法。

4.向孩子公开家里的经济状况

父母要让孩子了解到家庭的实际消费承受能力。让孩子了解家庭的财政收支情况，清楚自己家庭的经济账，明白家庭的经济承受能力，理解家长在开销上的节省和限制，让孩子量力消费。在父母的经济承受能力内来消费，才能够让孩子做到合理消费，从而培养出孩子正确的消费观和理财观，帮孩子克服攀比心理和乱花钱的毛病。

一位民营企业的老总，在电视上讲了自己小时候的一个故事——

那时候，家里的经济状况并不好，母亲很早就下岗在家，父亲是个普通工人，工资不多。每逢体育课，同学们都拿自带纯净水喝，母亲也给我带水，总是一瓶纯净水，每天早早地塞进我的书包里。一次体育课，同桌没有带水，我就把自己的水递给他喝。同桌喝了一口，怀疑地问："这水不是纯净水？"其他同学尝过后纷纷嘲笑我说："不会是假冒的吧，假冒的便宜"，"你看，连生产日期都看不见了"，"这分明就是凉白开"。

我拿过来尝了一口，发觉真的很像凉开水，当时我几乎无地自容，回家后一进门就质问母亲："你每天给我带的水，是不是都是凉开水？"

母亲点头说："外面的假纯净水太多，我怕你喝坏肚子就天天给你灌凉白开。"母亲的回答让我很沮丧，作为家里唯一的未成年消费者，我没有能力为家里挣钱，但总有义务为不富裕的家里省一些钱。尽管喝凉开水和喝纯净水对我的身体来说没什么影响，但我还是有莫名的自卑感。

母亲觉察到我的情绪，问："同学里有人笑话你吗？"我点了点头。母亲沉默了一会儿，接着说出了一段让我终生难忘的话："孩子，我们是穷人，这是事实。穷不是错，不是罪过，穷人和富人有着各自不同的活法。穷人不可怜，只有那些笑话穷人的人才真的可怜，从根儿上查去，哪一家没有几代穷人？再穷，人也要看得起自己，要是自己都看不起自己，心也就穷了。心要是穷了，那就该一辈受穷了！"

那天晚上，我想了很多。天亮的时候，我终于想通了母亲的话：穷，只是一种相对而言的生活状态，你可以把它看作是一件丑陋破旧的外衣，也许现在这件衣裳并不好看，但是将来你总有能力脱掉这身破衣裳，换上一件体面漂亮的新衣裳！

后来，再上体育课，我依然拿着母亲给我灌好的凉开水。当有同学故意嘲笑我是不是喝凉开水时，我一直以骄傲的语气回应对方："是，我觉得这比矿泉水更有滋味！"

让孩子了解家中的经济状况，这也是让孩子参与家庭理财的一种方法，不仅可以使孩子能够体谅家长的难处，避免孩子整天嚷着买这买那，而且还可以使孩子在家庭经济走入困境时，为家长分忧解难。

拒绝奢华浪费，提倡勤俭节约

勤俭节约是中华民族千百年来的传统美德。纵观古今，凡是通过艰苦奋斗取得突出成就的人，都拥有节俭这种崇高美德。勤俭的人能够更好地致富，节约的人能够更好地守财，一个人只有具备了致富与守财的能力，才能让自己永远不为财富发愁。因此，父母要从小就培养孩子勤俭节约的好习惯。

不少人都知道，美国电脑大王比尔·盖茨是哈佛大学的退学生，也是微软的创始人，2007年3月份的《福布斯》杂志再次将比尔·盖茨评为全球最富有的人，这是他连续13年获得这一称号。目前，他的身家达560亿美元。据说他每秒赚250美元，每天赚2000万美元，一年赚78亿美元。如果他掉了一张1000美元的钞票，他没有必要弯腰捡起来，因为4秒钟之后他就能把掉的钱赚回来。美国国债约为5620亿美元，如果让比尔·盖茨来还，他10年之内就能搞定。就是这么一个会赚钱的有钱人，他非常懂得勤俭节约的道理。"我有钱，但不意味着可以乱花"是他的心态；"只买对的，不买贵的"是他的原则。

有一次，比尔·盖茨和一位朋友同车前往希尔顿饭店开会，由于去迟了，以至找不到车位。他的朋友建议把车停在饭店的贵客车位，"噢，这可要花12美元，可不是个好价钱。"比尔·盖茨不同意。"我来付。"他的朋友说。"那可不是好主意，"比尔·盖茨坚持道，"他们超值收费。"由于比尔·盖茨的固执，汽车最终没停放在贵客车位上。

在物质极大丰富的今天，即使是大富豪比尔·盖茨，也仍然懂得节俭的重要性。他戒奢以俭，不靡费财物，是值得我们崇尚的美德。

节俭作为一种生活方式，体现了一个人的生活态度、理想信念、价值观念和作风形象。节俭不是吝啬，而是美德，有助于一个人修身养性、陶冶情操，也是一个人事业有成和发展的重要因素。

我国有句老话：成由勤俭败由奢。随着人们生活水平的提高，一些生活在新中国的孩子生来无忧虑，他们消费观念较强，用起钱来大手大脚，生活上追求享受，物质上随便浪费，毫无节俭意识，这不由得让人担心。这些孩子不知道父母每天在忙些什么，不知道自己吃的穿的用的东西是哪来的，反而觉得自己吃好穿好用好是天经地义的。孩子们大手大脚花钱，奢侈浪费的情况已达到非常严重的程度，如果不好好教育引导，难以成才，更难于成人。

某小学开学伊始组织了一次特殊的展览。"展品"都是该校学生们丢弃的文具，包括橡皮、小刀、直尺、胶棒、圆珠笔、涂改液等，堆得像小山一样。重要的是，这些文具几乎还都能用。

尚能使用的文具为何无人认领？很大程度上是因为孩子们还没有珍惜自己物品的意识，还没有养成良好的节约习惯。

孩子不懂得节俭，不能全怪孩子，责任也在家长身上。很多家长出于疼爱孩子，迁就孩子花钱自不必说，就连家长自身也往往产生了非合理消费的心理——攀比、从众、追时髦、喜新厌旧等。此外有些人对节俭与奢侈存在一些误解，以为节俭是贫穷的产物，以奢为荣，以俭为耻，凡事爱讲排场，其实他们并未真正理解节俭的意义。俭是节约不浪费，节是节制而有度，这种理性的生活态度，是无论古今、穷富都值得大力提倡的。

> 高敏是一家私企的老总，企业效益不错，家庭条件也不错。但是，她上小学的女儿却和邻家女孩一样，穿着普通的运动服和运动鞋，背着普通的书包，坐公交车上学，和别人一样买早点……很多人对此都不理解，认为高敏不爱孩子只爱钱。
>
> 其实不然，高敏对女儿的爱并不比别人少。但她认为，爱孩子是不能用多少钱来衡量的。还在女儿小时，高敏就经常教育她："要节约使用每一分钱，不该花的就不乱花。买衣服不要只盯着名牌、时髦的款式，穿着得体、舒适就行。饮食要荤素搭配，能在家里吃就不在外面买。对家里的物品和学习用具要爱护……"
>
> 高敏教育女儿要节俭，不乱花钱，她自己也是这样做的。虽然企业效益好，但富裕起来的高敏并没有买名车、购豪宅。全家依然住在普通居民楼里，开的是国产车。她在公司里和员工一起吃大食堂，不搞特殊化。在父母的言传身教下，高敏的女儿从小就养成了节俭的好习惯，并且把母亲给她的有限的零花钱都拿出来捐给了"希望工程"。

培养孩子的节俭习惯，是家庭教育中不容忽视的一个重要课题。古人云：勤能补拙，俭以养廉。只要能够勤劳，即使是天赋差一些，也会把工作学习搞好，会在事业上做出成绩。只要能够节俭，不贪图物质享受，追求奢华生活，保持廉洁的美德，在事业上就会不断追求进取，有所成就。因此，家长要培养孩子养成勤俭节约的生活习惯，这种习惯会让孩子受益终生。

1.帮孩子树立节俭的意识

在教育中，父母要赞赏节俭的行为，批评奢侈浪费。让孩子树立"节约为荣、浪费可耻"的观念，让节俭的思想观念在每一个孩子身上生根发芽，使节俭成为每个孩子的自觉行动。

鹏鹏上五年级了。平时他的作业本未用完就急着换新的。看着一本本未用完的本子，妈妈很心疼，多次提醒他，但收效甚微。

放假前，妈妈让他把未用完的作业本整理一下，清点出来。清点完了，妈妈问："一共有多少页没用的。"

答："96页。"

"能钉几个本子？"

"每本30页，可以钉三本。"

"如果我今天不让你清点，你就把这些当废纸扔了吧？"鹏鹏低下了头。

妈妈又说："一两张纸，看起来不起眼，但积少成多，不用了，就是浪费。你平时最爱看书，你也知道造纸是多么不容易！但你却毫不心疼地把一本本没用完的本子丢掉，这不是几角钱的问题，这样长期下去，你就会养成大手大脚、不注意节约的坏习惯。节俭，可是做人的美德啊！"

勤俭节约是中华民族的传统美德，家长应该从小就教孩子学会节俭。让孩子从内心树立起勤俭节约的意识，这对他们的成长和今后的发展大有裨益。

2.培养孩子艰苦朴素的思想

培养孩子养成艰苦朴素的习惯，让孩子正确理财、合理消费、努力储蓄是每个父母的迫切任务。俭朴不仅仅是为了整个社会，更是为了孩子自己。不知道节俭、只知道攀比的孩子不会有正确的人生方向，也很难在将来有所成就。

曾有一位亚裔母亲讲过这样一个故事：

我到悉尼一家妇产科医院前去就医，看见一对夫妻来做二胎产前检查，妻子进诊室见医生去了，丈夫便带着2岁的儿子在外面大厅等候。

一会儿，儿子闹着要喝水，于是父亲便在身旁的自动售货机上顺手扯了一个免费纸杯，冲进厕所接了一杯自来水递到孩子手里。自来水经过净化，可以饮用——父亲不是买不到饮料，自动售货机正出售一元一杯的可口可乐和橙汁；他也不是买不起饮料，据说，他是一家体育用品公司的主管，年薪15万元，他只是在用行动实践着"再富也要'穷'孩子"的教育理念。

家长要为孩子从小营造艰苦朴素的良好的风气，转变"再苦不能苦孩子"的观念，不过分溺爱、放纵孩子。城里的孩子相对于农村孩子来说，经济上比较富裕，所以城里的父母更要从小培养孩子勤俭持家的优良作风，随时教导孩子节约开支。

3.为孩子树立勤俭的榜样

孩子的言行受父母影响很大。生活在什么样的家庭孩子就会养成什么样的生活习惯，如果父母知道节俭，不浪费，孩子自然就能学会勤俭节约。所以，父母应该在生活中树立勤俭典范，在日常生活中，在一粥一饭、点点滴滴中培养，注意言传身教。

有一天，老柯塞尔发现，小柯塞尔正在写老师布置的作文，在打草稿时，儿子先后将几张稿纸揉成一团后扔进桌旁的纸篓里。于是走到儿子身边说："你在干啥？"

"打作文草稿。"

老柯塞尔弯下腰从纸篓里拿起一团纸在桌上摊开，十分严肃地对儿子说："打草稿应该用铅笔，而不是钢笔！用铅笔打草稿有两个好处：一是写错了的字可擦了再写，二是用铅笔写过的草稿纸可以再用一次，用钢笔再写。你太浪费了！"

"爸爸，您以前是这样做的吗？"

"当然。"老柯塞尔从鼻梁上取下自己的眼镜，"你看看爸爸这副眼镜。"

小柯塞尔一看，两根镜腿都折了，左边的镜片还裂了一条缝，真是

"饱经沧桑"。

父亲的身体力行对儿子产生了深远的影响，以至后来小柯塞尔在物理方面取得辉煌成就时，无视名誉和金钱的诱惑，继续保持艰苦朴素的作风，不断朝新的高峰攀登。

爱模仿是孩子的特点，他们的许多行为都是由模仿父母学习得到的。家长作为孩子的第一位老师自身要勤俭节约，为孩子示范非常重要。家长应从每件小事做起，如随手关灯节约用电等，去感染教育孩子，使孩子提高行为的理智性，真正养成勤俭节约的良好行为习惯。

如果不能自我反省，就学不会自控

自省即自我反省，它是一个人得以认识自己、分析自己，并有效提高自己的最佳途径。自省，是对自己的行为思想做深刻检查和思考、修正人生道路的一种方法。

一般来说，能够时时反省自己的人，是非常了解自己的人。他们会时时考虑：我到底有多少力量？我能干些什么事？我的缺点在哪里？我有没有做错什么？……这样一来，他们能够轻而易举地找出自己的优点和缺点，为以后的行动打下基础。

荀子在《劝学》中写道："君子博学而日三省乎己，则知明而行无过矣。"说的就是道德高尚的人一方面要博学，一方面要反求自身，才能知识日增，防患于未然，减少过失。懂得自省，人格才能不断趋于完善，人才能慢慢地走向成熟。通过自省，做人才会越来越成功，生活才会越来越幸福。

美国石油大王洛克菲勒还在创业途中时，有一回，一家银行拒绝给他贷款，他非常气恼地给对方抛下一句话："我迟早会成为天下首富的。"当时虽气愤，但他后来进行了反省，用"骄者必败"来告诫自己，同时谦虚求学，不断进取。

心平气和地面对他人、对外界事物进行客观评判，并不难做到，但当这把刀伸向自己时，就未必能够心平气和了，自我反省是一场自己和自己的智与勇的战斗。

随着财富的不断增加，洛克菲勒对自己精神上的反省与日俱增，自省也就成了他每日必做的功课。每天晚上入睡之前，他都要告诫自己："你刚刚开了个头，别以为自己已经是个不错的商人了；要小心，要稳步前进，否则你会忘乎所以。你不想让这点钱弄得得意忘形吧？睁大眼睛，别乱了方寸。"

对于每日必做的功课，洛克菲勒也曾说过："我敢肯定，我与自己进行的这些私下交谈对我的一生有很大的影响。我生怕承受不了自己的巨大成功，一再告诫自己不要让任何愚蠢的主意冲昏了头脑。"

人非圣贤，孰能无过。善于自我反省的人，生活中处处都是提高自我的机会。成功者之所以能够成功，是因为他们有着超出平凡人的反省精神，他们能够通过深刻的反省，发现德之缺憾，智之不足，从而总结教训，惩前毖后，改弦易辙，迈上通往成功的大道。

法国牧师纳德·兰塞姆去世后，安葬在圣保罗大教堂，墓碑上工工整整地刻着他的手痕："假如时光可以倒流，世界上将有一半的人可以成为伟人。"一位牧师在解读兰塞姆手迹时说："如果每个人都能把反省提前几十年，便有50%的人可能让自己成为一名了不起的人。"他们的话，道出了反省之于人生的意义。

反省是人生重要的功能，它是一种自我检查的活动，还是一种学习能力，是认识错误、改正错误的前提。对成人而言，具备自我反省的能力，就能正确地认识自己的优缺点，自尊、自律、有计划地规划自己的人生。遇到困难和挫折时，能够及时调整自己的情绪，积极进取，渡过一次次难关，一步步走向成功。对于孩子来说，学会自我反省，更是关系到他们当前的良好发展和日后的人格塑造。一个不懂得自我反省的孩子，永远不会懂得自己的过错与不足，这只能为他们的成长平添许多障碍与烦恼，反之，当孩子学会了内省，便能做到"扬长避短"，获得良好的进步和发展，从而成为一个自信、自立、自律的人。只有这样的人，才能顺利地越过成长过程中的障碍，抵达成功的彼岸。

有一个叫秦朗的学生由于家里经济条件不太好，被迫选择在家乡的一所大学走读。感到委屈的他，有一天在和父亲发生激烈的争吵后，冲动之下在交给老师的卡片上写下了一句"我是傻瓜的儿子"。卡片交给老师之后，秦朗便感到有些后悔，开始变得惴惴不安起来。第二天上课的时候，老师并没有专门向他说什么，只是在发还给他的卡片上写了简短的一句话："是不是'傻瓜的儿子'与一个人未来的人生有多少关系呢？"老师的话引起了秦朗深深的反思："我常常把不顺心的事情归咎于父母，总是想：如果不是因为他们没有钱，如果不是他们错误的干涉，如果不是他们没有本事，我就不至于落到这个地步。而对于自己却缺少自知之明，理直气壮地认为自己总是对的，就好像是一个不公正的裁判员，总是把成功归功于自己，把失败推诿给父母。"老师简单的一句话引发了秦朗的反省，让他从"自我中心"中跳出来，检讨自己，并学会去做一个有责任感的人。变化在不知不觉中发生了，一个学期之后，秦朗的学习成绩提高了，朋友也增加了，而最令人欣喜的是，和父亲的冲突完全消失了。

事实证明，自我反省能力能够促使孩子更快地成长。他们通过反省及时修正错误，不断地调整自己的心态和做事方法，所以孩子掌握了自我反省的能力，就等于掌握了自我完善和健康成长的秘方。

苏格拉底说："一个没有检视的生命是不值得活的。内省不仅是了解自己做了什么，最重要的是透过它了解自己真正的意图。"柏拉图说："内省是做人的责任，没有内省能力的人不配做人，人只有透过自我内省才能实现美德与道德的兼顾。"

自我反省是孩子成长的一个秘诀。成长是一个人不断摸索的过程，他难免在此过程中不断地犯错误。对成长中的孩子来说，反省的过程就是学习的过程。有没有自我反省的能力、具不具备自我反省的精神，决定了孩子能不能认识到自己所犯的错误，能不能改正所犯的错误，是否能够不断地学到新东西。所以，家长要教会孩子反省。

1.帮孩子养成每日反省的习惯

著名作家李奥·巴斯卡力，写了大量关于爱与人际关系方面的书籍，影响了许多人的生活。据说，他之所以有这样卓越的成就完全得力于小时候父亲对他的教育，因为每当吃完晚饭后，他父亲就会问他："李奥，你今天学了些什么？"这时李奥就会把在学校学到的东西告诉父亲。如果实在没什么好说的，他就会跑进书房拿出百科全书学一点东西告诉父亲后才上床睡觉。这个习惯一直到今天还坚持着，每天晚上他就会拿十年前父亲问他的那句话来问自己，若当天没学到什么新知识，他是不会上床睡觉的。这个习惯时时刺激他不断地汲取新的知识，产生新的思想，不断进步。

为了让孩子少走弯路，父母应该注重培养孩子在生活中养成良好的自省习惯，鼓励他们每隔一段时间或者每天对自己的行为进行反思。家长们不妨在每天结束时，让孩子好好问问自己下面的问题：今天我到底学到些什么？我有什么样的改进？我是否对所做的一切感到满意？如果孩子每天都能改进自己的能力并且过得很快乐，必然能获得意想不到的丰富人生。真诚地面对这些提出的问题就是反省，其目的就是让孩子不断地突破自我的局限，省察自己，开创成功的人生。

2.教导孩子勇于承认错误

自我反省就是对自己的过失的正确认识，要先承认自己的错误后，才能在此基础上改正。很多孩子犯了错误后，由于害怕责罚或者为了逃避责任，失去了承认错误的勇气，孩子就会在错误的压抑下变得畏畏缩缩，不能很快地逃离出错误带给自己的伤害，于是总是闷闷不乐，不能快乐地生活。

玛丽亚是列宁的母亲，她是一位特别注意培养孩子诚实、正直等高尚品质的母亲。

在列宁8岁时，有一次，爸爸带他和哥哥姐姐一起到姑妈家去玩。正当他和表兄妹们玩得起劲时，一不小心把姑妈的玻璃水瓶摔坏了。听到响声后，姑妈赶过来问："孩子们，谁打破了水瓶？"

"不是我！不是我！"吓坏了的孩子都抢着回答道。

列宁也跟着说"不是我"，他没敢在姑妈面前承认错误。

事情传到了玛丽亚那里。她觉得，他还是小孩子，并没有一定要隐瞒错误的根源，心思还是非常纯洁的，随着时间的流逝，他幼小的心灵会因隐瞒错误而更自责。作为母亲，她没有马上批评他，而是在想办法来启发他的自觉。于是，她便给儿子讲了不少诚实孩子的故事。她看出，儿子正处于非常矛盾自责的心理中：承认是自己摔坏的吧，怕姑妈会生气；不承认吧，又成了一个撒谎的坏孩子。

妈妈一直耐心地等待着儿子的觉悟，整整三个月过去了。一天晚上，当她走到列宁的小床前看他时，他突然非常伤心地哭起来了，对她说道："妈妈，是我把姑妈给骗了。我说那个玻璃水瓶不是我打碎的，其实是我干的。"

妈妈听完后笑了，慈爱地抚摸着他的头，亲切地安慰他说："睡吧，明天我就给姑妈写信告诉她这件事。相信妈妈，姑妈一定会原谅你的。"

听完妈妈的话，列宁终于安心地睡着了。

孩子总会犯一些错误，这是不可避免的。当孩子犯了错误的时候，父母要给孩子改正的机会，不要一味地责骂孩子，而是要在一旁给孩子鼓气，让孩子从内心中真正地意识到错了，并且能够敢于承认错误，这样孩子就迈出了自我反省的第一步。

　　3.引导孩子从自身找原因

　　一天，亮亮在手工课上没有完成作业。快下课的时候，老师给同学们发小奖品，由于亮亮没有完成作业，所以老师并没有给他奖品。看到其他同学都拿着自己的小奖品高高兴兴地交流，亮亮感到自己的自尊心受到了伤害，闷闷不乐地上完其他的课，一放学便回家了。

　　回到家后，亮亮把这件事告诉了妈妈："妈妈，老师真不公平，给其他人都发了奖品，可是没给我发。"了解了事情的经过之后，妈妈对亮亮说："儿子，这件事你不能怪老师，因为这是你的错。别人得到奖品，是因为他们完成了作业，可是你没有完成作业，所以没有得到奖品。你想想，如果老师也给你发奖品，对于完成作业的同学是不是不太公平？"亮亮低下了头。

　　最终，在妈妈的引导和鼓励下，亮亮在后来的手工课上终于完成了作业，也得到了老师的小奖品，他非常高兴。

　　当孩子遭遇挫折时，父母应耐心地劝导孩子，让孩子学会在自己身上找原因，让孩子客观地认识到自己存在的问题，可以培养孩子积极乐观地面对挫折的心态和自我反省的能力。切忌一味附和孩子从他人身上找原因，这样只会使孩子在以后的生活中形成一种怨天尤人的不良心态。

管理好时间，才能掌控好生活

　　时间是人生最大的财富。人生以时间为尺度计算其长短，事业以时间为标准衡量其成败。没有时间，也就没有生命，没有存在，没有思想，没有希望，也就没有一切。一切都存在于时间之中，时间是一切条件中的基本条件，不珍惜时间就得不到生命的价值。

生命是由时间构成，我们假设一个人能活80岁，每天睡觉8个小时，一生将有233600个小时用在睡觉上，大约是9733天，合26年7个月，那么这个人还剩下53年零5个月的时间做其他的事情。假设他每天吃早、午饭各用去30分钟，吃晚饭用1个小时，这样每天用于吃饭的时间就是2个小时，80年将在吃饭上用掉58400个小时，合2433天，相当于6年零7个月，那么这个人还剩下46年零10个月。假设这个人每天用于个人卫生的时间是1个小时，80年又将用掉3年零4个月，这样人还剩下43年零6个月的时间。再减去每天用于休闲、娱乐的时间是3个小时，80年将耗掉87600个小时，也就是整整10年的时间。那么这个人还剩下33年零6个月的时间。再假设他每天在上班途中、购物上用的时间为3个小时，80年就意味着另外一个10年的耗费，这样只剩下了23年零6个月的时间了。再减去他每年用在旅游、度假、生病等事情上的时间为15天，那么80年就是1200天，也就是3年零3个月，这样还剩下20年零3个月。一个寿命是80岁的人，大约只有18年零1个月的时间用来投身自己喜欢的事业。所以，一个人的生命是有限的，如何珍惜时间、有效地利用人的短暂的一生，去成就更辉煌的事业，这是有志之士要认真思考对待的人生课题。

成功学大师拿破仑·希尔说过："利用好时间非常重要，如果不能充分利用一天的时间，那么这24小时便会白白浪费，我们将一事无成。"诚如拿破仑·希尔所说，促使一个人成功或失败，不完全是个人能力、把握机遇等方面，很大程度上在于是否能够合理安排时间、分配时间。也许在你眼中毫不起眼的几分钟，却是别人获得成功的制胜关键。所以说，谁能够把握时间，谁会利用时间，谁就能最早接近成功的终点。

当今社会，时间管理能力已被列为人们立足社会的重要能力之一，它之所以重要是因为我们每个人都是在时间的长河中开始人生的旅程，每个人的生命都是在时间中发展。谁能够把握时间，谁会利用时间，谁就能最早接近成功的终点。美国著名的管理学大师杜拉克曾说过："时间是世界上最短缺的资源，除非严加管理，否则就会一事无成。"所以，无论是谁，学会时间管理，都是自我管理的一项重要任务。

郑先生是一家公司的部门经理，这天早上和往常一样，他走进办公室，看到桌子上一叠报表，感到很头疼。但是迫于工作需要，他只好静静地坐下来，认真地审阅。当看了一部分后，秘书走了进来，告诉他有一位客户要见他。

郑先生毫不在意地说："让他先在会议室等一会儿，我马上就过去。"

大约一杯茶的时间，郑先生走进了会议室，看见客户正焦急地在徘徊，他马上满脸堆笑地说："真抱歉，我今天的事情太多了，实在抽不出时间。"

客户听了他的话，非常气愤地说："既然你实在没有时间，那么我们改天再谈吧。"

说完，客户转身就走了。郑先生不知所措地看着客户的背影消失在门口。

第二天，郑先生被公司辞退了，因为他的行为使公司失去了一个重要的客户。

如果我们不会有效地安排和利用时间，就会像故事中的郑先生一样，严重影响工作效率，最终被职场淘汰出局。

生活中，有的人整日在忙碌中度过，却无所作为；而有些人却可以轻松自在、从容不迫地工作和生活，这并不是因为他们拥有的时间多少不同，关键在于是否有效地管理和利用了时间。

时间的管理和利用，看来平淡无奇，其实它的意义远大于管理时间。因为时间若利用不当，压力就接踵而来，而生命，也就杂乱无章。所以时间管理，也是压力管理，更是生命管理。

时间管理对于每个人来说都是非常重要的，无论对大人，还是对孩子，无疑都是至关重要的。如果一个孩子从小没有时间观念，事事需要家长来提醒、催促，那么当他到了小学以后，面对繁重的学习压力、课业负担，他的问题会越来越严重。因此，孩子的时间管理能力应从小培养。

郭敏是一个四年级的小学生，应该说她到了能妥善安排自己学习和生活的年龄了。但实际上，郭敏的妈妈为此却很苦恼。

有一次，爸爸妈妈有事外出，天黑了才回家，到家后没有看见郭敏，就到邻居家寻找。一看郭敏还在和邻居家的女孩玩游戏，既不想着回家吃饭，也不想着该写作业了。

妈妈很愁闷，跟同事抱怨。同事想了想问她："郭敏什么时候起床、什么时候写作业、什么时候吃饭这些是不是都是你安排和提醒她的？"妈妈说："是啊，怎么了？"同事说："这就难怪了，你没有给她灌输过时间概念，她对自己的生活节奏都不清楚，怎么能知道什么时候该回家、什么时候该写作业呢？她还等着你提醒她呢！"妈妈若有所思地点了点头。

很多时候，孩子并不是懒，也不是"拖延症"晚期，没有办法改变，而是因为没时间管理的概念。家长们应该让孩子意识到，自己的时间应该由自己管理和掌控，而不是被动地由别人管理。只要让孩子认清时间的重要性，开展科学严谨、循序渐进的时间管理阶梯训练，就一定能够从根子上解决这个难题。

"一寸光阴一寸金，寸金难买寸光阴"，毫不夸张。管理好自己的时间，就能管理好自己的人生。所以，教孩子如何珍惜时间、有效地利用人的短暂的一生，去成就辉煌的学业和事业，这是每一位家长应该认真思考的人生课题。

1.父母要让孩子知道时间是有限的

教育孩子珍惜时间不是一件容易的事，因为年幼的孩子还不能理解时间是怎么回事，更不懂得生命对于自己只能有一次。一般要到少年期，抽象思维才比较发达，自我意识逐渐成熟，这时，孩子才逐渐明白时间的无限性和人的生命的有限性。父母要让孩子知道，人生1/3的时间处于求知阶段，1/3多一点是为社会服务阶段，最后1/3是衰老阶段。其中还要去掉生病、睡眠、休息、娱乐，有效的求知、工作的时间。因此。一定要让孩子从小珍惜时间。不然，"少壮不努力，老大徒伤悲"。要让孩子懂得，想要掌握丰富的知识，想要使自己的人生发出光辉，就一定要珍惜时间。

2.帮孩子制定"时间表"

时间安排表是对孩子的生活和学习进行时间管理的好工具，形式类似成人的工作日程表。家长应与孩子一起讨论，制定时间表，让孩子感觉到时间的流逝以及时间与自己某些活动的联系，如起床、吃早饭、上学、放学回家、午睡、下午上学、放学回家、做家庭作业、上床睡觉等，该从什么时间开始干，最多花多少时间干完等。

媛媛是一个缺乏时间意识的人，为了帮她改正这个毛病，妈妈和媛媛一起制定了各自的作息时间表。她们把自己的时间表画出来，并且贴在自己房间最显著的位置，而且媛媛和妈妈达成协议彼此互相检查执行的情况。

于是，每天在媛媛睡觉前妈妈到媛媛的房间抽出一些时间来讨论检查当天计划的执行情况。

妈妈会问媛媛："今天你有没有按照时间表上的时间来完成作业，有没有按照时间表上规定的时间吃午餐？"如果媛媛连续几天没有按照时间表上的时间来执行的话，妈妈就会与媛媛讨论是否有什么地方需要修改或者增加一些分类。

同样媛媛也会用同样的问题来问妈妈，并且检查妈妈执行的情况，如果妈妈没有按照时间表的计划来执行，那么就对妈妈有所惩罚。

这样进行了一段时间后，渐渐地媛媛可以完全根据自己的事情和需要安排时间，并且都执行得很不错。

让孩子制作作息表会给孩子提供学习有效管理时间和生活技能的训练。日常生活中，家长不应该将自己的想法和规则强加在孩子身上，而应把孩子看作独立的个体，和他一起商量制定适合的计划表，这是父母尊重孩子的表现。因为只有这样，孩子才能在平等民主的氛围下有一种参与感，体验到父母对他的尊重。而且，这样的时间计划表是真正意义上孩子自己制定的时间规则，孩子比较乐意接受。

3.教孩子利用零碎的时间

每个人一天的时间都一样，但是善于利用零碎时间的人，就能得到更多的益处。

所谓零碎时间，是指不构成连续的时间或一个事务与另一个事务衔接时的空余时间。这样的时间往往被人们毫不在乎地忽略过去。在日常生活中，有许多零星、片断的时间，如：车站候车或吃饭排队的三五分钟，睡前或医院候诊的半个小时，等等。教孩子珍惜这些零碎的时间，把它们合理地安排到自己的学习和生活中，积少成多，就会成为一个惊人的数字。

刚上二年级的儿子最近常向爸爸抱怨时间越来越不够。原来，儿子下午5点放学后，从学校到家要坐半小时的公交车，而这中间往往要等上十几二十分钟才能等到车。到家往往是6点了，回家后，儿子就需要学习半小时，但是6:30有儿子爱看的动画片。7点吃晚饭，7:30到8:30是孩子的学习时间，8:30，儿子就得睡觉了。这样，孩子实际学习的时间有一个半小时。现在，老师又规定每个学生必须在7点收看新闻联播。这样，儿子的时间就更紧张了。

后来，爸爸帮儿子想了一个好办法。爸爸教儿子把当天要记忆的词语或者英语单词制作成小卡片带在口袋里。在公交车站等车的时候，默默地记忆。这样，在等车的十几分钟里，至少有10分钟的学习时间。然后，上车后，儿子可以继续在车上记忆词语，这样，又多了至少20分钟的学习时间。6点到家后，爸爸让儿子马上复习当天学过的内容，把老师讲过的内容和做的笔记从头到尾地看一遍。

6:30，儿子又看上了喜欢的动画片。同时，爸爸妈妈争取在7点之前做好晚饭，提早开饭。这样，孩子在吃晚饭的同时，可以收看新闻联播。7:00到8:30，照样是儿子的学习时间，这部分学习时间主要是用来做当天的作业和预习第二天的内容。

　　这样，儿子不仅把所有的事情都做完了，而且学习时间又增加半个小时。

　　其实，每个人都有很多的零散时间，就算把生活安排得再怎么井然有序，难免总还是会在无意中多出一些零碎时间。但很多人都是浪费了这些零散的时间，而没有能够将这些零散的时间一点一滴地积累起来做其他事情。父母可以教孩子学会利用每一点零散时间，譬如让孩子在排队等车的时候背背英语单词，那么积少成多，相信孩子的英语词汇量会不断地增加。

制订好计划，做事情才能有条不紊

　　古人讲：凡事欲则立，不欲则废。说的就是计划的重要性。计划是实现目标的唯一手段。所谓"一等人计划明天的事，二等人处理现在的事，三等人解决昨天的事"，养成事前计划的习惯，确实是所有成功人士的共同特色。

　　计划，是人们在工作或付诸行动之前预先拟定的具体内容和步骤，也是未来的行动方案，计划就是行动指南。有一项调查显示，在现实生活中，只有不到3%的成年人会一本正经地写出他们的计划，并在每天工作开始之前进行自己的计划。还有一部分人甚至从小时候就开始计划起他们的人生了，在他们看来，要想获得成功似乎非常容易，只需要按部就班地进行就行了，他们所获得的成就足够令我们惊异，他们是当之无愧的最杰出的人。

　　计划是原地通往目的地的灯塔和桥梁。法国著名文学家雨果说："有些人每天早上预定好一天的工作，然后照此实行。他们是有效利用时间的人。而那些平时毫无计划，靠遇事现打主意过日子的人，只有'混乱'二字。学习也是一样，有计划的人，不仅学习有条理、有顺序，而且有目标、有方向。这样当然效果会比没计划随意学要好得多。"一个科学而周密的计划，往往能减少人们通往目的地的阻力和波折。计划行事可以让人们明确目标，鼓舞斗志，而明确的目标和高昂的斗志又为计划的顺利执行提供了重要保证，两者相辅相成、互相促进。

佐世保位于日本南方的九州岛上，原来没有什么大型企业。1964年，佐世保重工业集团创立，并很快发展为日本八大造船厂之一。它的发展给九州岛带来了希望，佐世保重工总裁坪内先生也是踌躇满志，准备大干一场。

怎奈天有不测风云，20世纪六七十年代的石油危机，导致了世界经济的大萧条，也给佐世保重工带来了灭顶之灾。经营赤字高达200多亿日元，负债500亿日元。企业已经面临倒闭边缘。

面对这种情况，坪内没有惊慌，他仔细分析了形势，然后制订了一个完整的计划。他发誓：让佐世保重工以击不垮的形象出现在世人面前。

按照计划，首先，他集中力量四处招揽生意，在最短的时间内，包下了一批工程，然后他带着有关这些工程和企业自身的文件向地方政府求援。他在各级官员中游说："我们企业是九洲岛最大的企业，关系到九洲乃至整个日本南方的发展。一旦我们企业垮了，整个国家经济都要受影响。我们企业拥有大量的客户，目前遇到的只是暂时的困难，只要我们有资金支持，完成这些项目就可以渡过难关。"终于，佐世保重工获得了政府的支持，生产又可以正常进行。

最后坪内开始对企业进行全面的改造。对一个信誉不佳的企业来说，生意一定是很难做的，坪内深知这一点，为打开局面，坪内不惜血本，把每艘船的卖价降低20%，以大家风度吸引了客户，一时客户接踵而至。为吸引订货的客商，佐世保精心建设起高级的温泉宾馆，国际第一流的高尔夫球场，以及各种尽善尽美的服务设施。这一切无疑为佐世保赢得了更多的信任。

坪内的计划如期完成，佐世保重工在他的领导下渡过难关，并迅速发展。仅1982年一年，佐世保重工就得到120艘船的订货，佐世保重工又称雄日本造船业了。而这一切能不归功于坪内的计划吗？

成功的人，大都能非常有效地利用时间、金钱和精力，并尽可能支配它们。他们之所以能够做到事半功倍，是因为他们总是为自己做好了计划。因此，能不能把一件事情办成功，一个很重要的因素就是看你有没有科学的计划和方案。科学的计划和方案就像是火车的轨道，有了轨道，火车就能够安全顺利地前进；没有轨道，火车将寸步难行。

好的计划是成功的开始。只有事前拟订好了行动的计划，梳理通畅了做事的步骤，做起事来才会应付自如。凡事三思而后行，事前多想一步，事中少一点盲点。只有做好规划，心中有蓝图，才能够临阵不乱，稳扎稳打地获得成功。

做事有计划对于一个人来说，不仅是一种做事的习惯，更重要的是反映了这个人的做事态度，也是一个人取得成功的重要因素。对于孩子来说，做事有计划同样是非常重要的。它可以帮助孩子有条不紊地处理事情，并且不会手忙脚乱。如果一个人做事没有条理，他又怎么能够很好地料理自己的生活呢？一个连自己生活都不能料理的人又怎么能够很好地进行学习和工作呢？而且，一个做事没有条理、没有计划的孩子在走向成功的道路上将会比其他人更加辛苦。所以父母应该让孩子养成有计划地做事的习惯。

兰兰是小学四年级的学生。她在学习上很努力，但学习成绩却不是很理想，原因主要在于她不会制订合理的学习计划。

放暑假了，兰兰每天都认真地写着作业，她想通过这个暑假的努力，提高自己的学习成绩。一天，兰兰吃过早饭坐在书桌前准备写作业，她在书包里翻了半天课本也不知道该学什么好：语文作业和数学作业都挺多，而且她这两个科目的成绩也都差不多，那么到底该先学哪个科目好呢？

10多分钟过去了，她仍然没有定下来先学哪一门功课，妈妈看到她在书桌边抓耳挠腮，走过来问她到底怎么回事。她告诉妈妈："我不知道先学哪门功课好。"

妈妈问她："兰兰，你有没有制订一个适合自己的学习计划？"兰兰疑惑了，问："妈妈，为什么要制订学习计划呀？"妈妈说："你看你，坐在书桌前10多分钟了，还不知道该学什么好呢，如果制订了合理的学习计划，就能提高你学习的效率了。""哦，原来是这样。"兰兰似乎明白了。妈妈接着说："比如，你上午可以安排学数学，下午可以安排学语文。另外，早晨的记忆效果比较好，你可以背诵英语。这就是一个简单的学习计划。"兰兰点了点头。

这样，兰兰有了计划，每天学习时有条理了许多，后来她的成绩的确有了不小的进步。

做任何事情都应该有计划，只有这样事情才能够有条不紊地进行下去。而做事有计划是一种习惯，在孩子的成长教育过程中要有意识地帮助孩子养成这种习惯，这是一件对于孩子的一生都非常有意义的事情。

一项调查表明，凡是学习成绩落后的同学，大多在学习中缺乏计划的头脑，没有合理安排好时间，常常是一味地埋头苦干，结果付出也不少，但收效不好，事倍功半。解决这个问题的最好方法就是让孩子学会做事有计划，即对自己要做的事情有具体的时间规定，有准备，有措施，有安排，有步骤。

对孩子来说，他们总有一天是要自立于社会、自立于人生的，如果能从小培养孩子的计划性，自己的生活自己安排，自己的人生目标自己定，对于孩子今后生活的幸福和成功无疑是有巨大帮助的。

让孩子做事有计划是每一位家长朋友的良好愿望，然而真正付诸行动却没那么简单。因为即使是大人也很难做到有计划地去做每一件事，更别说自制力相对来说还比较差的孩子。所以说，培养孩子做事有计划的习惯，既是培养孩子，同时也是在锻炼家长。家长应对孩子从小用心进行培养。

1.指导孩子做计划

生活中，有很多孩子做事没有计划，想起什么做什么，往往是做了这件事，忘了那件事，到头来什么事情也做不好。孩子做事没条理没计划，说明孩子的逻辑思维能力不强，处理问题缺乏系统性。所以，父母要教会孩子做事之前有计划。

有一位聪明的妈妈，发现孩子在学习弹琴的时候总是没有计划，刚想弹琴，不一会儿又去看动画片了。有一天，妈妈对孩子说："你每天得弹半小时的钢琴，刚回家的时候弹也行，吃完晚饭弹也行，但是，弹的时候你不能半途而废，一定要弹足半小时。"孩子考虑了一下，因为晚饭前有一个他喜欢看的动画片要播放，于是他选择了吃完晚饭再弹。结果，他确定自己的计划后，就一直执行得非常好。

做事情缺乏条理、没有计划是儿童时期的一种自然反应，但如果此时家长不注意引导，孩子们往往会养成不良的个性，从而给一生带来麻烦。所以，家长要重视此方面的培养。

2.让孩子严格执行计划

计划一旦制订后，必须让孩子按计划办事，不能随意更改，也不能半途而废。有些家长只注意给孩子订计划，却没有督促孩子执行和坚持。例如，本来定好孩子6点起床，看到他还睡得很甜，就延长半个小时，由家长把孩子起床后应该做的事情代办了；定好做作业时不能看电视，结果孩子没有做到，家长也没有及时批评或阻止；等等。这样孩子会认为计划是可以随时更改的，可以不按照计划行事甚至不用订计划。

吴涛是一名小学三年级的学生。每周日，爸爸都会监督并帮助他制订出一周的计划。可是，计划制订出来之后，吴涛总是由于种种原因不能落实。这让爸爸很是郁闷！

爸爸决心帮孩子改正这一坏习惯。这天晚上，爸爸和吴涛进行了一次深刻的谈话，爸爸告诉他制订计划的目的就是落实计划，计划制订了没有落实，等于没有制订。如果这样的问题出现在工作上，是非常严重的失误。同时，爸爸还要求吴涛把计划进一步细化、量化，分解到每一天、每一个小时。在计划的时间内完成最好，如果不能完成，要有惩罚措施；如果提前完成，剩下的时间就可以自由支配，而且还有奖励。每天晚上，爸爸都要抽出时间对吴涛的计划落实情况进行检查。如果计划全部落实，就加以表扬，零用钱如数发放；如果有计划没有落实，扣发一天零用钱。

爸爸说到做到，每天吴涛一放学，爸爸就拿出一天的计划表，逐项进行检查。没有落实的，除了扣零用钱之外，还责令在不影响当天计划落实的情况下把前一天未完成的补上。这样就要求吴涛做事情要努力一次就做好，不能应付了事。现在吴涛对于时间的安排越来越科学了，学习和做事的效率明显提高。

经过一个多月的监督，吴涛不能落实计划的坏毛病改掉了。以前，他做作业要做到夜里12点多，严格落实计划之后，不到10点就做完了，而且做得又快又好。通过严格落实计划，吴涛也增强了时间观念、任务感和责任感。

制订了计划不去执行，等于没有计划，甚至比没有计划更糟糕。因为这样很可能让孩子养成一种不好的习惯，缺乏执行计划的行动力。

在日常生活中，父母要向孩子强调计划的重要性，并给孩子的各项行为制订一些计划。计划制订后就不要轻易改变，关键是落实。要求孩子严格按照计划执行，并且长期坚持下去，要尽量讲清楚为什么这样做的道理，使孩子愿意遵守规范，乐于执行有关要求。长此以往，不仅能培养孩子良好的做事习惯，还能培养孩子做事坚持到底的意志品质。

第四章
磨炼意志：
让孩子成为一个
内心强大的人

具备专注力，才能更好地控制行为

专注力，是指人的心理活动指向和集中于某种事物的能力，也即注意力。

"注意"，是一个古老而又永恒的话题。著名的俄国教育家乌申斯基曾说："'注意'是我们心灵的唯一门户，意识中的一切，必然都要经过它才能进来。"法国生物学家乔治·库维也曾说："天才就是不断的注意。"一个专注的人往往能够把自己的时间、精力和智慧凝聚到所要做的事情上，从而最大限度地发挥积极性、主动性和创造性，努力实现自己的奋斗目标。

有关专家做过调查，人与人相比，聪明的程度相差不是很大，但如果专心的程度不同，取得的成绩却大不一样。凡是做事专心投入的人，往往成绩卓著，而时时分心的人终究得不到满意的结果。

法国作家莫泊桑，很小便表现出了出众的聪明才智。一天，莫泊桑跟舅父去拜访他的好友——著名作家福楼拜。舅父想推荐福楼拜做莫泊桑的文学导师。可是，莫泊桑却骄傲地问福楼拜究竟会些什么？福楼拜反问莫泊桑会些什么？莫泊桑得意地说："我什么都会，只要你知道的，我就会。"

福楼拜不慌不忙地说："那好，你就先跟我说说你每天的学习情况吧。"莫泊桑自信地说："我上午用2个小时来读书写作，用另2个小时来弹钢琴，下午则用1个小时向邻居学习修理汽车，用3个小时来练习踢足球，晚上，我会去烧烤店学习怎样制作烧鹅，星期天则去乡下种菜。"说完后，莫泊桑得意地反问道："福楼拜先生，您每天的工作情况又是怎样

99

的呢？"

福楼拜笑了笑说："我每天上午用4个小时来读书写作，下午用4个小时来读书写作，晚上，我还会用4个小时来读书写作。"莫泊桑不解地问："难道您就不会别的了吗？"福楼拜没有回答，而是接着问："你究竟有什么特长，比如有哪样事情你做得特别好的？"这下，莫泊桑答不上来了。于是他便问福楼拜："那么，您的特长又是什么呢？"福楼拜说："写作。"

原来特长便是专心地做一件事情。

莫泊桑下决心拜福楼拜为文学导师，一心一意地读书写作，最终取得了丰硕的成果。

专注是一种巨大的力量，它在一个人追求成功的过程中，起着不可估量的作用。正如哈佛大学的第22任校长洛厄尔所说："想让一个人的大脑发挥最佳的状态，那么就让它不间断地处理一件事情，这样专注地去做、去想，最后必定会取得最好的成效。"成功没有捷径可走，成功来自于专注。人的精力总是有限的，可能一生要做很多事情，但在一段时间内，只有集中精力投入一个目标，才容易成功。

查尔斯·狄更斯曾经说："心志专一可以使任何一种学习取得成效，这种方法是唯一有效并经得起考验的方法。我可以坦诚地告诉你，我自己构造的小说或进行的想象，都得自于我所养成的工作习惯。我对非常普通甚至最不起眼的事情进行全神贯注地思考，并且一天都不间断，再将写成后的稿子改了又改，反复斟酌推敲。"一次，人们问狄更斯他是怎样取得成功的，狄更斯回答说："我从来不对那些应该全力以赴的事情掉以轻心，这就是我成功的秘诀。"

18世纪最伟大的数学家之一高斯，在19岁时就解决了当时自希腊数学家欧几里得两千多年来一直悬而未决的一大数学难题，轰动了整个数学界。有人曾问高斯："你为什么在科学上能有那么多的发现？"高斯回答说："假如别人和我一样专心和持久地思考数学真理，他也会做出同样的成绩。"

对于任何人来说，有一个专注的心态很重要。一个人若能从小养成做事专注的习惯，将会给自己的人生奠定成功的基础。

专注来自于对目标的专一，目标专一才会集中精力、体力，才会越钻越深，从而聚集并放大了力量，推动人们不断走向成功。但专注力不是一下子迸发的，它通常是一种习惯、一种积累后的勃发，因此，家长要想孩子将来成功，就要从小注意培养孩子的专注力，让孩子做事有一种专注的精神，才能投入进去做得更好。

1.为孩子创造一个良好的环境

环境对于孩子来说很重要，其实不仅是专注力的培养，包括性格，兴趣、爱好等，都有影响。而且，孩子生活和学习都会在固定的地点，这也是环境的一部分，尤其是家庭环境，是孩子无法脱离的沃土。好的家庭环境对孩子的成长有非常重要的作用。

专注力的培养也是如此。试想一下，倘若你在用心想一件事，但是周围环境嘈杂，刚刚有了点思路，不注意就被打断了，你还能专心下去吗？因此在孩子玩耍或者是做功课的时候要为孩子创造一个安静的环境，不能在孩子专注的时候有人在旁边吵闹，如看电视、说话等，这样会影响孩子的注意力，使孩子无法认真地做事，时间长了就会使孩子做事没有专注力。

有两个小学生曾经这样抱怨：

我做数学的时候，我妈老在我身边转悠，一会儿拍拍我的头说：乖孩子，好好写！一会儿端来一盘葡萄说：休息一会儿吧，吃点儿葡萄！一会儿又倒来一杯果汁说：渴了吧？妈妈给你倒了果汁，快喝点……唉，真是烦死啦！

有一天，我正在自己的房间里专心背诗歌，我妈突然推门进来找东西，我平静的心一下子被扰乱了，什么都背不进去了……

这样的情形不仅发生在这两个孩子身上，很多家长都时常犯这样的错误。

家长这样做，看似是在关心孩子，实际上却是在干扰孩子，非常影响孩子的注意力、记忆力以及情感思维等心理功能的良好发展。所以，在孩子做事、学习的时间里，父母不要随便打扰他们。

2.结合孩子的兴趣培养专注力

兴趣是最好的老师，不管谁在做自己感兴趣的事情时，总会很投入、很专心，孩子也是如此。孩子对事物的兴趣越浓，其稳定、集中的注意力越容易形成。生活中我们会发现，小孩子在做某些事情时总是心不在焉，而在做另一些事情时却能全神贯注、专心致志。因此，父母可以利用孩子的兴趣和爱好，培养孩子的专注能力。

3. 父母要做出榜样

家长首先应该以身作则，表现出专心、坚持和耐心的榜样。

小玲是一个做事专心的女孩。无论是写作业还是玩耍，她都很专心，结果不但各门功课成绩优秀，兴趣爱好也得到充分的发展。小玲专心做事的好习惯，主要是受她的爸爸的影响。小玲的爸爸是一位老师，几乎每天晚上都要伏案备课和批改作业，精力十分专注，从不受家人看电视、谈天的影响。他说，要做到像一位北宋诗人所描绘的"用心专者，不闻雷霆之震惊，寒暑之切肤"的程度，虽然很不容易，但不被其他事情干扰而专心地做事，还是能够做到的。

孩子最初的学习对象是父母，要让孩子专心，父母就得从自己做起，比如从头到尾好好完成一件事，而不是想到什么就做什么；要孩子专心做事时，父母也陪着做，而不是在客厅看电视、大声谈笑。总之，别让孩子产生"为什么爸妈可以，我却不可以"的想法，这样才有助于他达成各项学习目标。

4.给孩子讲专注的故事

通过给孩子讲故事，让孩子认识到专心的重要性。

肖强爱听有关动物的故事，爸爸妈妈总是认真地给他讲这方面的故事，并且将一些做人做事的道理寓于故事之中，让他去领悟。

有一次，爸爸讲到动物专注的故事，说狮子去喝水时，它们会一直走向水塘，就算中途碰到猎物，它们也不会去追捕；猴子在摘野果时，只是摘果子，中途不会去喝水；大象洗澡时，不管十里八里，同样会直奔水塘，中途不会突然改变主意干别的事。

爸爸告诉肖强，驯兽师在训练猴子或大象的时候，一次只让它们做一个动作，即让它们的脑海里只决定一件事，否则动物们再聪明也学不会复杂的动作。而且，它们的大脑神经也会拒绝一次做2件以上的事情。这是它们的本能。

讲了动物的故事后，爸爸对肖强说："一次只做一件事，并努力做好，这叫专注，三心二意，表面上同一时间可以做多件事情，但是到头来一件事情也做不好。"肖强从中懂得了专注做事的重要性。

孩子们都爱听故事，家长可以通过讲故事的方式教育孩子，起到寓教于乐的效果。上例中的爸爸就是一个榜样。动物们一次只做一件事，看似呆板，不知变通，实则也有好的一面。那就是简单做事，是保证高效的方式之一。通过讲故事，让孩子学会这种做事方法，该学习的时候好好学习，该放松的时候尽情放松，这样孩子会成长得更加快乐。

经历过挫折，孩子的人生之路才能更从容

古人云："人之不如意之事十有八九。"在现实生活中，人难免会碰到失败和挫折，尤其是孩子，他们由于受身心发展水平的限制，心理承受能力较弱，即使在成人看来很微小的一次失败，对于他们来讲，可能是一次不小的打

击，会使他们不知所措、失望退缩，丧失热情和信心，甚至出现逃学、离家出走、自杀或精神疾患。因此，教育孩子正确认识挫折和痛苦，可以帮助他们在不幸降临时，坚定意志，冲开重重困难，走向通往胜利之路，成为征服困难的英雄、掌握自己命运的主人。

杰克·韦尔奇是一位誉满全球的商业巨子。在畅销书《杰克·韦尔奇自传》中他深情地回忆起自己在中学时代，母亲曾给他上的一堂终身难忘的课：

那是一个糟糕的赛季的最后一场冰球比赛，当时我在塞勒姆高中读最后一年。我们分别击败3个球队，赢了头三场比赛，但在其后的六场比赛中，我们全都输掉了，而且其中五场都是一球之差。所以在最后一场比赛中，我们极度地渴求胜利。

那确实是场十分精彩的比赛，双方打成2：2后进入加时赛，但是很快，对方进了一球——我们又输了！这已是连续第七场失利，我沮丧之极，愤怒地将球棍摔向场地对面，随后自己头也不回地冲进了休息室。这时，我那爱尔兰裔的母亲大步走过来，一把揪住了我的衣领。

"你这个窝囊废！"她冲着我大声吼道，"如果你不知道失败是什么，你就永远不会知道怎样才能获得成功。如果你承受不了这点打击，你就最好不要来参加比赛！"

我遭到了羞辱，在我的朋友们面前。但上面的这番话，我从此就再也没有忘记。我知道，是母亲的热情、活力和她的爱，使得她闯进休息室。她是我一生中对我影响最大的人，她不但教会了我竞争的价值与意义，还教会我如何迎接胜利的喜悦和接受前进中必要的失败。

杰克·韦尔奇的母亲用自己独特的方式敲醒了他。当然这种火爆脾气不一定适合每个孩子，但它确实提醒了家长们：在孩子成长的过程中，失败是难免的。

人的一生是不可能一帆风顺的，在人生历程中遭遇失败，出现挫折是正常的，关键在于该如何正确面对挫折。只有在逆境中不气馁、不放弃，保持一颗积极向上的心，才能走出困境。

现在的孩子大多是独生子女，被家庭呵护惯了，在挫折面前往往缺乏足够的抵御能力。从孩子发展的需要看，生活中，挫折无处不在，可以说挫折伴随着孩子成长的每一步。有意识地让孩子受点"苦和累""受点挫折"，尝试一点生活的磨难，使孩子明白人人可能遇到困难和挫折，有利于培养孩子敢于面对困难，正视挫折并提高克服困难的能力。

就读于某中学初二的高铭，曾是个开朗热情、学习优秀的"三好学生"，上小学的时候，在班上的成绩一直名列前五名，班上和学校的活动更是少不了他，他表演的节目在学校里都是"压轴戏"。可是，就在两年前的一个小小失败面前，他变得消沉了。

那是他上初一的上半年，全区中学举办了一次知识竞赛，高铭作为全校的三名选手之一，参加了最后的决赛。但在最后一轮决赛时，他答错了一道题。他答完之后，看到了台下同学们失望的目光，正是这些目光把他拖入了挫折的泥潭。后来，同学们都忘记了这场比赛，他还是陷于其中无法走出来，每当大家无意间提到那场比赛，他都会陷入深深的自责之中。渐渐地他远离了同学们，把自己封闭起来。当他的父母发现他精神恍惚，带着他去看心理医生时，被告知他患有轻度抑郁症。

抵抗挫折是孩子的必修课，没有经历过挫折的孩子长大后将因不适应激烈的竞争和复杂多变的社会而倍感痛苦。美国的一位儿童心理学专家说："有十分幸福童年的人常有不幸的成年。" 不让孩子遭受小挫折，他长大后就无法克服大困难。"挫折教育"其实就是使孩子不仅能从外界给予中得到快乐，而且能从内心激发出一种自寻快乐的本能。这样在挫折面前才能泰然自若，保持乐观。

所谓"授人以鱼，不如授人以渔"，既然遭遇挫折是人生必经的坎儿，那么我们就必须教孩子学会接受挫折。与其一辈子替孩子遮风挡雨，不如让孩子自己去面对人生中的风雨。著名的心理学家马斯洛说："挫折对于孩子来说未必是件坏事，关键在于他对待挫折的态度。"因此，明智的父母应该从小就对孩子进行挫折教育。

挫折是培养独立意识的沃土，对孩子进行苦难和挫折教育，能够让他们知道：生活是多彩的，也是艰辛的。只有经历了失败和挫折的磨砺才能换来生活的甘甜。就好比爬山，只有经历了千辛万苦，才能领略绝顶的辉煌。

1.为孩子创设挫折情境

对孩子来说，在成长的道路上难免要遇到苦难、阻碍，如果孩子平时走惯平坦路、听惯顺耳话、做惯顺心事，那么一旦他们遇到困难，就会不习惯，从而束手无策、情绪紧张，容易导致失败。所以，父母不妨在平时的生活和学习中，有意识地设置一些困难和障碍，以此来培养孩子的耐挫能力。

有一位美国父亲，他和儿子有约，吃午饭后，儿子收拾桌子他洗碗，但有个条件，如果儿子收拾得不好就要接着洗碗。儿子小心地收拾了，而且实际上，桌子也比平时收拾得干净得多，儿子满以为顺利过关了，可父亲挑剔地检查时仍发现了一点油渍，于是他平静地说："对不起，这次碗该你洗啦。"想想，儿子做了努力且明明比平时还好，却过不了关，哪有不产生遗憾、失望——挫折感的呢？其实，这正是这位父亲故意给儿子设置的挫折情境，故意让他心理受挫。他认为，让儿子经常遭遇些类似的挫折情境，孩子就学会了镇定地接受不如意的现实，正确地控制情绪而避免过度的挫折感。

可见，让孩子承受一定的挫折，可以让孩子在挫折中看到自己的不足，进而做出新的努力，还可以锻炼孩子的意志，增强受挫能力。

每个人都会经常遇到困难与挫折，成长中的孩子，也难免会遇到坎坷和阻碍。家长应该有意识地给孩子设置点障碍，为他们提供克服困难的机会，使他们在生活的道路上有点小小的坡度。倘若把孩子前进道路上的障碍全部清扫干净，他现在可能平平安安，日后他就会逐步失去走坎坷道路的能力。

2.让孩子勇敢地面对失败

人的一生总会遇到挫折和失败，同样，在孩子的成长过程中，也难免会遇到失败。让孩子从小就有面对失败的勇气，长大以后，面对各种各样的困难和挫折，他才不会手足无措，才能够从容应对。

学校即将举行儿童节演讲比赛，芳芳第一个报了名。报名后，芳芳在家进行了全面的备战。但比赛那天，却发生了一个小小的意外。当轮到芳芳上台演讲时，她因为走得过急摔了一跤，结果影响了她后来的发挥。这次比赛，芳芳没有取得名次。回家后，芳芳将比赛的事说给妈妈听，妈妈给她讲起了刘邦与项羽的故事。屡战屡败的刘邦越败越勇，后来终于在垓下一战，打败了实力强大的项羽！听完故事，芳芳擦干眼泪，咬着嘴唇说："妈妈，你们放心吧，这次失利还打不垮我，你们看我下次的表现吧！"

陈鹤琴曾说过："不要担心孩子的失败，应该担心的是，孩子为了怕失败而不敢做任何事。"在人生历程中遭遇失败、出现挫折是正常的，如果连一点点小小的失败都承受不了，是无法适应这个社会的。因此，从小培养孩子的心理承受能力，对孩子进行适当的挫折教育是十分必要的。让孩子了解失败，可以让孩子学会平和地处理失败的心情，加强承受挫折的能力，将来长大后，心态就会比较成熟，在面对失败时，会用更从容的心态，准备下一次的挑战，敢于做，才有可能成功。

让孩子告别拖拉磨蹭的习惯

有这样一个寓言故事：

从前，有一个人的名字叫磨蹭，这个人做事特别慢。

有一天，磨蹭到地理去割稻子。别人都已经割了好多稻子，他还在打哈哈，伸懒腰。

中午吃饭时，别人快吃完了，磨蹭才端起碗，他手拿着饭碗，拨来拨去，半天才吃几颗饭粒。

别人吃完饭，又去割稻子，磨蹭还在那里慢慢地拨饭粒。

割稻子的人喊起来："磨蹭。快来割稻子，快要下雨了。"

轰隆隆，噼里啪啦……天上又闪电又打雷。磨蹭着急起来，要是不把稻子割回家，以后就没饭吃了。

磨蹭把碗放在地上，又去割稻子，这时候，大家已经割完稻子，开始往家里运了。

磨蹭割了一会儿稻子，肚子饿得"咕咕"叫，只好再去吃点饭。磨蹭端起饭碗，往嘴里拨饭粒。奇怪，吃到嘴里的饭粒怎么会痒痒的？

磨蹭把饭粒咽下去，喉咙也是痒痒的。磨蹭仔细一看，咦！饭碗里都是蚂蚁。

原来，蚂蚁知道要下雨，一起来搬碗里的饭。磨蹭刚才吃的都是蚂蚁。看到碗里那么多蚂蚁，磨蹭吓得不敢再吃了。

大雨下起来，而且越下越大。磨蹭被雨淋得湿漉漉的，好像一只落汤鸡。他急得哭起来。

看见磨蹭没有回家，很多人跑来帮忙。看见磨蹭还是慢慢地割稻子，帮忙的人又问："你怎么一点力气都没有？"

磨蹭说："没有吃饱饭，我哪有力气啊。"

帮忙的人说："你的饭呢？"

磨蹭说："碗里的饭变成了蚂蚁。"

帮忙的人哈哈大笑。

很快，大家就帮忙割完了稻子，又帮把稻子运回磨蹭的家。

从那以后，磨蹭做事越来越快，再也不会慢吞吞的了，他的饭碗里的饭粒再也不变成蚂蚁了。

可见，做事拖延磨蹭，往往会让人一无所获，并且浪费掉许多宝贵的时间。

拖延是人的一大顽疾。据不完全统计，有70％的大学生有不同程度的拖延习惯，25％的成年人有着慢性拖延问题。与此同时，有95％的拖延者希望减轻他们的拖延恶习。因为拖延问题，人们内心饱受煎熬却又很难从中脱逃。今天被昨天的拖延束缚，明天又为今天的拖延头疼，这无疑是令人懊恼的恶性循环。

拖延的恶习，并不是天生就有，而是在后天的环境中逐渐形成。这种做事拖延的恶习一旦养成，不单会导致孩子学习不积极，还会成为他以后成长的绊脚石。

生活中，相信很多父母都遇到过这样的情形：孩子起床后还磨磨蹭蹭，没有时间观念，父母在一边干着急，孩子却无动于衷、我行我素。遇到这种情况，有的父母干脆代劳，替孩子完成分内的事情，性子急的父母就强行执行自己的意志，甚至和孩子产生冲突。久而久之，这种做法就容易造成孩子的被动型人格，影响孩子心理的健康发展。

小刚是小学二年级的学生，做什么事都不紧不慢。起床要半小时，吃饭要半小时，上厕所还要半小时。别人不催，他更不着急。尽管妈妈一直催促他"快一点，快一点"，但仍起不到效果。如果对他发火，随之而来的只是他更慢的速度。妈妈劝他，他当时改了，可过不了几天就又犯老毛病。

星期六的晚上，小刚说作业不多，要看电视，妈妈同意了。结果他从10点开始写作业，40分钟只做了两道数学习题，然后又说太困了，剩下的4道题想明天早晨再做，妈妈只好随他。可是第二天一早，他虽然6点多就起床了，可只做了一会作业就又上床睡了。妈妈检查他的作业，发现那4道题根本没做。于是，吃饭时妈妈再次劝导和说教，可他却一脸不耐烦，趁妈妈不注意，竟偷偷地跑出去玩了。

每到周末，老师留的家庭作业，小刚都必定要挨到周日的晚上才开始突击，有时写不完就把填空题和选择题都留着，等周一上午上课前，找同学抄一下。每天的作业，他也是经常要做到十一二点钟，甚至到第二天早晨起来再做一会才能完成。

磨蹭、拖延对孩子的危害很大，它会消磨孩子的意志和进取心，让孩子变得懒惰、颓废、得过且过，这样就容易导致失败，而这个失败的结果又会使孩子情绪消极，容易出现身心疾病，从而更加不想立即行动。在这样的恶性循环中，成功也会远离孩子。

孩子做事拖拉，多源于家庭教育环境的影响和良好教育方式的缺失。在日常生活中，一些家长对孩子过于溺爱，凡事都依着孩子，孩子开始出现做事拖拉的迹象时，家长们也没有及时采取措施帮助孩子纠正坏毛病，同时一些家长自身做事不遵守时间规则，也在无形中影响孩子的行为习惯。因而家长要帮助孩子纠正做事拖拉的毛病。

对于做事拖拉的孩子，不少家长总是心急如焚，一味地批评甚至打骂绝对不是好方法，孩子的慢性子并不是天生的，所以我们要对症下药，逐渐帮孩子改掉拖沓的坏习惯。

1.让孩子为磨蹭付出代价

生活中，我们常常会遇到这样的情况：孩子早晨起床磨蹭，家长急得不得了，又是嚷嚷，又是亲自给孩子系纽扣，可孩子却一点也不急。其实，家长的做法正是促成孩子磨蹭的原因之一。正确的做法是，当孩子磨蹭的时候，家长不要急，让孩子急。如果孩子迟到，老师肯定会问他原因。孩子得到教育后，就会认识到磨蹭带来的害处，第二天就会加快速度。

李平是个做事磨蹭、爱睡懒觉的孩子，每天早晨，妈妈叫一次不起，叫两次还不起，等到叫第三遍的时候才慢腾腾地起来，一看表，才知道时间不早了，就哭闹着让父母帮忙。

一个星期一的早上，妈妈叫了李平一遍，就不再理会她了，过了一会儿，李平自己爬起来，一看早就迟到了。但这次妈妈和爸爸商量好了，他们谁都没帮忙，李平只好自己胡乱把书本往书包里一塞，就狂奔着上学去了。可想而知，最后迟到了，还没带家庭作业，让老师狠狠地训了一顿。从此以后，李平动作快了许多，也不再睡懒觉了。

可见，孩子只有在体会到磨蹭会给自己带来损失之后，他才能够自觉地快起来，因此，让孩子为自己的磨蹭付出代价，让孩子自己去品尝磨蹭的苦果，不失为一个改掉孩子磨蹭毛病的好方法。

2.让孩子养成"今日事今日毕"的好习惯

"今日事今日毕"，是一句自古流传下来的谚语，提醒并激励人们要珍惜时间。家长们应该教育孩子从小就养成"今日事今日毕"的好习惯。

"丽丽，你今天的日记写了吗？"妈妈来到女儿的卧室，见她正在看《多啦A梦》，便问道。

"哦，妈妈，您别担心，我刚才已写了一半了。"

"哎，你这孩子，写了一半怎么就不接着写完呢？"

"这有什么关系？没写完的我可以明天再接着写呀。"

"明天，明天你还有明天的事呢。丽丽，妈妈发现你这一段时间做事总喜欢开了头就没有结尾，这可不是个好习惯。你得改改了。"

"妈妈，您怎么那么爱唠叨啊！我说了明天会接着写的。"

"丽丽，你不要把每件事都拖到明天，今天的事情就得今天完成！"妈妈的语气严肃起来，"你今天必须写完日记，否则，就把《多啦A梦》交给我暂时保管。你什么时候改掉了拖拉的坏毛病，妈妈才把书还给你！"

"妈妈……"

"丽丽，没有商量的余地了。你必须先做完今天该做的事！"说完，妈妈转身出了女儿的卧室。

见妈妈真的生气了，丽丽这才意识到自己每天都拖着不写日记，后来补写的行为确实不对。于是，她静下心来，接着写刚才没写完的日记。后来，丽丽每当事情做了一半就想放下时，她便会想起妈妈的话，于是又强迫自己努力去完成。就这样，丽丽逐渐克服了做事拖拉的坏习惯。

生活中，相信很多父母都遇到过这样的情形：孩子做事磨磨蹭蹭，没有时间观念，作业写了一半就放下，先看电视去了；日记落下好几天，想起来再去补写；等等。孩子之所以会有把事情做了一半就放下，隔天再做或根本忘了做这样的习惯，一方面与他们自控能力较差有关，另一方面也与父母的放纵有关。假如父母经常教育孩子今天的事要今天完成，或者是在发现孩子做事拖拉时给予警告，那么孩子就会克服这个坏习惯的。

3.教孩子开展速度的比赛

一个9岁女孩的母亲曾这样说道：

我的丈夫就是个慢性子，做事情时常拖拉。女儿耳濡目染，做家庭作业时，竟也学着拖拉起来，明明当天应该完成的作业，她非要拖到第二天才急急忙忙地写完，学习效果可想而知。我在督促女儿的同时，做丈夫的工作，他很配合。为了提醒女儿，我们在她的房间挂上"今日事今日毕"的条幅；我丈夫和女儿约定，我来当监督员，如果他俩谁做事磨蹭、拖拉，谁就没有选择电视频道或者买冷饮的权利。这个办法真灵，女儿在我们的提醒下，也是为了获得优先选择看电视节目和买好吃的权利，她做事快多了，能做完的作业，大都在当天就完成了。实在难解的，征求我的意见，我允许她明日继续思考，不算"违规"。丈夫故意说："我无论如何也要坚持住，看谁有耐心。"一个月时间很快就要到了，丈夫因为"疏忽"了，把我交代买米的事情拖了两天。女儿兴奋地说："爸爸违规了，该罚。"丈夫态度很好地说："好，好。"女儿笑了，我们也笑了。

为了帮孩子改掉拖沓的习惯，父母可以帮孩子设定处理事务的竞争对手，甚至可以直接把自己作为孩子的比赛对象，利用孩子的好胜心理加快处理事务的效率。如比赛洗脸、穿衣、收拾玩具，使他们在比赛中提高做事的速度，这时孩子会很高兴地赶紧把事情做完。

告诉孩子：跌倒了就再爬起来

曾有人问一个孩子，他是怎样学会溜冰的。那孩子回答道："哦，跌倒了爬起来，爬起来再跌倒，就学会了。"其实，通往成功的道路上，我们也会遇到失败、跌倒的时候。那么，跌倒了怎么办呢？爬起来，就这么简单。跌倒不算失败，跌倒了站不起来，才是真正的失败。

英国小说家、剧作家柯鲁德·史密斯曾经这样说："对于我们来说，最大的荣幸就是每个人都失败过。而且每当我们跌倒时都能爬起来。"人生之路漫长而且坎坷，因此遭受挫折、遇到困难、遭到打击在所难免，差别只在有人把头破血流不当一回事，有人稍微破皮就灰心丧气。跌倒了还能爬起来，你才有成功的希望。

一位父亲很为他的小孩苦恼，孩子都已经十五六岁了，一点男子气概都没有。他去拜访一位禅师，请求这位禅师帮他训练他的小孩。

禅师说："你把小孩留在我这边三个月，这三个月你都不可以来看他。三个月后，我一定可以把你的小孩训练成一个真正的男人。"

三个月后，小孩的父亲来接回小孩。禅师安排了一场空手道比赛来向父亲展示这三个月的训练成果。被安排与小孩对打的是空手道的教练。

教练一出手，这小孩便应声倒地。但是小孩才刚倒地便立刻又站起来接受挑战。

倒下去又站起来……如此来来回回总共十六次。

禅师问父亲："你觉得你小孩的表现够不够男子气概？"

"我简直羞愧死了，想不到我送他来这里受训三个月，我所看到的结果是他这么不经打，被人一打就倒。"父亲回答。

禅师说："我很遗憾你只看到表面的胜负。你有没有看到你儿子那种倒下去立刻又站起来的勇气及毅力？那才是真正的男子气概。"

人生之光荣，不在于永不失败，而在于能屡仆屡起。对每次跌倒能立刻站起来、每次坠地反像皮球一样跳得更高的人，是无所谓失败的。

在漫长的生命过程中，相信每个人都会有"跌倒"的时候，或是在生活中，或是在事业上，但是一定要爬起来，爬起来之后，"跌倒"的过程变得很微不足道，只不过变成了你生活中的一段小插曲，或许，它成了你事业上的另一个起点。

日本三洋电机公司顾问后藤清一，曾在松下电器担任厂长。有一天，狂暴的台风袭击了日本。三洋电机公司损失严重，很多机器在台风中被毁。后藤心想：公司迁至新厂，正想要全力生产、大干特干时，却遭此打击，老板心理上一定很沮丧吧！

由于松下的夫人身体不适，松下到医院探病后，在台风即将停止时才赶到工厂。

看到老板来了，后藤急匆匆赶来，立马上去报告："老板，不得了了，工厂损失惨重，我来当向导，请您巡视工厂一趟吧！"

"不必了，不要紧，不要紧。"

听了松下的这句话，后藤充满了疑惑，心想：老板还真能沉得住气。

只见松下仔细地端详着手中的纸扇，横看、纵看，神情异常的冷静。

"不要紧，不要紧。后藤君啊，跌倒还可以再爬起来。婴儿若不跌倒就永远学不会走路。孩子也是，跌倒了就应立即站起来，号哭是没有用的，不是吗？"

这或许就是松下之所以能够成功的秘诀吧。

在通往成功的道路上，有些人跌倒了，就再也没有爬起来，也有些人把这条路看得遥远可怕，以为是不可登的。这些都是懦者的表现。对于强者来说，跌倒一次算什么，只要爬起来，同样可以笔直地站在蓝天下，继续往前走。

生活中，我们常常看到：有些小孩子摔倒了，父母会很快跑过去，把他们扶起来，拍拍他们身上的尘土，心疼地问："哪儿摔疼了。"孩子会依偎在父母的怀里，号啕大哭，以此获得更多的关心和爱怜。

其实，不管多小的孩子在摔跤的时候，都有一定的自我承受能力，即便没有这种能力，父母也要去培养他。因为并不是孩子每次摔跤，父母都恰好在身边，何况漫漫人生路，父母不可能永远陪着孩子。如果父母永远把自己的孩子当作蹒跚学步的小孩，帮他抵挡伤害，替他们承受失败，那他们永远也学不会自己爬起来。所以，当孩子遇到挫折和失败时，请父母们稍稍克制一下内心"帮扶"的冲动，给孩子自己爬起来的机会。

世上没有常胜将军，孩子也不可能只胜不败。挫折和失败往往是极好的老师。父母一定要告诉孩子"跌倒了就再爬起来"的道理，使他们善于从失败中找到开启成功之门的钥匙，从而帮助孩子从幼稚走向成熟。

1.引导孩子正确认识失败

从某种意义上说，孩子有过失败的经历，更有利于他们的健康成长，所以，要教育孩子必须能够接受失败。教他们从一开始就要学会承受失败带来的负面影响，并勇敢地面对它。

莉莉是小学四年级的学生，有一次考试，许多同学语文和数学都考了双百，而她的两科成绩却都在80分左右。自尊心严重受挫的莉莉回到家里委屈地哭道："许多同学都笑话我，说我是大笨蛋……"

妈妈听后，连忙把女儿搂在怀里，一边给女儿抹眼泪，一边安慰女儿："我女儿根本就不笨啊，不用哭，哭有什么用？只要有志气就能赶上去。妈妈刚上学时也不如别人，好多孩子都比妈妈学得快。妈妈暗中咬牙努力，老师讲课我注意听，早上我比别人早起……后来，我终于成了优等生。你不要胆怯，要有信心。只要努力，就一定能赶上去！"

莉莉听了妈妈的话，心中的阴影一扫而光，此后，莉莉开始发奋努力学习，到四年级下学期，成绩终于上去了。

正所谓"失败是成功之母"，当孩子面对失败时，父母可以通过给孩子讲英雄人物成功前的挫折或父母小时候遇挫折的故事，让孩子懂得生活中随时可能会遇到挫折，只有勇敢地去克服困难，本领才会越来越大。也可以找一些适合的电影推荐给孩子看。剧中主角曾经遭受失败或挫折，但是最后总能闯过难关。这些影片可以帮助孩子在以后碰到同样困难时，有信心去面对以及学会寻找解决困难的方法。

2.给孩子独立面对困难的机会

生活中，家长不要对孩子过分呵护，要给孩子独立面对困难的机会，鼓励孩子自己去面对困难，使他们感到自己有能力、有办法应付遇到的问题和困难，从而克服对家长的依赖心理，锻炼独立性和自信心。比如，孩子不小心摔倒了，如果情况并不严重，家长就应鼓励孩子自己站起来；等孩子站起来后，再通过及时的夸奖来强化这种行为。这样，当孩子下次再摔倒时，就会勇敢地自己站起来了。

美国前总统约翰·肯尼迪的爸爸从小就注意对儿子独立性格和精神品质的培养。

有一次，他赶着马车带儿子出去游玩。经过一个拐弯处，因为马车速度非常快，马车猛地把小肯尼迪甩了出去。当马车停住时，小肯尼迪以为他爸爸会下来扶他一把，但他爸爸却坐在车上悠闲地掏出烟吸起来。

小肯尼迪叫道："爸爸，快来扶我。"

"你摔疼了吗？"

"是的，我自己感觉已站不起来了。"小肯尼迪带着哭腔说。

"那也要坚持站起来，重新爬上马车。"

小肯尼迪挣扎着自己站了起来，摇摇晃晃地走近马车，艰难地爬了上去。

他爸爸摇动着鞭子问："你知道为什么让你这么做吗？"

儿子摇了摇头。

他爸爸接着说："人生就是这样，跌倒，爬起来，奔跑；再跌倒，再爬起来，再奔跑。在任何时候都要靠自己，没人会去扶你的。"

小肯尼迪听了，似懂非懂地点点头！

不过，从那以后，他对大人的依赖性明显少了很多。遇到事情，也不总是光顾着哭鼻子！因为知道没有人可以帮助自己，他必须想办法解决自己遇到的问题！

显然，肯尼迪的爸爸并非不爱自己的孩子，事实上，正因为他深爱着自己的孩子，知道挫折是人生必经的坎儿，所以才不断地磨砺孩子的意志，让孩子摔倒了自己勇敢地爬起来。

从小吃点苦，只为长大不辛苦

吃苦是人生的一笔财富。常言道："吃得苦中苦，方为人上人。"然而，现在的大多数孩子不懂得什么是苦，什么是累。曾经有则报道，一些印度高校拒绝接收中国独生子女入学就读，原因是中国父母舍不得让孩子吃苦，孩子的独立生活能力差，什么事情都喜欢找学校，弄得学校很头痛。这给中国父母提出了该让孩子吃吃苦的警示。

高尔基曾说过："爱孩子这是母鸡也会做的事"，诚然，作为父母，疼爱自己的孩子似乎已经成为了一种本能，但是，科学的教育孩子的方法应该是爱而不露的。父母在将所有的爱倾注到孩子身上的同时要记住，适当地让孩子体会生活的艰辛，知道什么是苦、什么是累，这样既能让孩子提前感受到生活的不容易，同时也有利于提升孩子的幸福感。

19世纪俄国著名作家屠格涅夫说："你想成为幸福的人吗？那么首先要学会吃苦。能吃苦的人，一切的不幸都可以忍受，天下没有跳不出的困境。"为了让孩子以后能够幸福，父母是不能心疼孩子吃苦的。

正是基于吃苦有益的理念，在日本，提倡"穷留学之风"，让富裕的大城市学生，到偏远的山区、村寨接受艰苦的生活训练，其目的就是要培养孩子吃苦耐劳的精神和坚韧不拔的毅力。其实，这都是一些明智的做法，从孩子的成长规律看，儿童和少年时期是人生的基础阶段，家长有意识地创造一些条件，对孩子开展吃苦教育，这非常重要，也很有必要。因为人生道路是曲折的，每实现一个目标，都需要努力奋斗，要奋斗就需要有一种勇于吃苦的精神。

吃苦是一种能力，一种重要的生存能力。让孩子吃吃苦，是为他们将来的人生旅途走得平稳顺畅做加油充气、储能蓄势的准备，让他们踏入社会后，在风雨人生中，充分实现自身价值。吃苦能力越强，孩子的生存空间就越大，所以从小就得让孩子尝些"苦头"。

杰奎琳的第一任丈夫是美国总统肯尼迪，第二任丈夫是世界船王奥纳西斯。尽管杰奎琳扬名天下，家财万贯，但她仍不能容忍儿子约翰日后成为一个无所事事的花花公子，她决定要把儿子打造成为一个成功的人。

为此，在约翰11岁的时候，杰奎琳就把他送到了英国一个岛屿上的"勇敢者营地"去接受训练。在那里，约翰学会了爬山，还学会了驾驶独木舟和帆船，这些都锻炼了他刚毅果断的独立人格。

在约翰13岁时，杰奎琳又送他到美国东北部缅因州的一个孤岛上去学习独立生活的技能。这种技能训练非常艰苦，在20天的训练中，不给食物只给一加仑水、两盒火柴和一本在野外如何谋生的书。训练过后，约翰的自立能力又提高了很大一截。两年后，当约翰15岁时，杰奎琳再送他到非洲肯尼亚的荒野里自求生存。

当约翰中学放暑假时，杰奎琳还把儿子送去参加"国家户外学校"为期70天的训练。随后，她又送约翰参加和平队赴危地马拉从事地震救灾工作，以此来更进一步强化约翰独当一面的能力。

应该说，约翰自幼就是一个羞怯、自卑、依附性强、优柔寡断的孩子，但正是在他母亲杰奎琳的锤炼孩子独立人格的教育观念下，他成长为一位理智节制、积极向上、自信潇洒而又圆通练达的青年。

在布朗大学毕业后，约翰先在印度工作了一段时间。3年后，他入读纽约大学法律系。后来，约翰顺利成为曼哈顿一名检察官，在打赢6场官司之后毅然辞职。1995年9月，约翰成功创办《乔治》杂志，任董事长。

事实证明，杰奎琳对孩子的吃苦教育方法是十分有效的。如果父母想让孩子有一个美好的未来，要想让他在社会立足，就要舍得让孩子吃苦。

俗话说："人不吃苦枉少年。""嚼得菜根，百事可做。"生活本来就有苦有甜，每个人都应该能够自然而然地感受到这一点，并从中获得教益和锻炼。生活中吃点苦很正常，没什么大不了的；只有具备不怕苦的精神，一个人走向社会，面对现实生活时才能勇往直前，并在艰难困苦的奋斗中开拓自己的事业，实现自己的理想。教育家苏霍姆林斯基曾说过："让孩子动手，亲自参加实践，吃点苦，受点累，不但可以探究知识奥秘，培养创造能力，而且有利于坚强意志和吃苦耐劳精神的形成。"父母要想方设法让孩子吃点苦、受点累，这样能培养孩子良好的性格特征，让孩子能够笑对生活。

1.舍得让孩子吃苦

吃苦耐劳是我们中华民族的传统美德。这种美德不是先天形成的，而是后天培养、自我锻炼的结果。舍得让孩子吃苦，让孩子经历挫折，是父母培养下一代的一条重要途径。生活中，父母可以经常有意识地为孩子创造一个吃苦的环境，以此来培养他坚忍不拔、百折不挠的意志。

吴章鸿女士是全国优秀家长，是感动中国的十大母亲之一、家庭教育专家、全国家庭教育讲师团的成员、少先队全国工作委员会特聘"志愿辅导员"。在教育孩子方面，她就特别有意识地让孩子吃苦，她这样自述：

我有意识地让我孩子去打工，有意识地让我孩子去吃苦。我举个例子说：小学生放了暑假，孩子们都在家休息，我却领上孩子，戴上草帽和我一起去采买店里所需的东西。我们住在郊区，要走很长一段路，再坐两次公交汽车，才能到汉口的闹市区。我们所采购的东西有玻璃棒、漆包线、绝缘线、电阻、电容等，出去一次不容易，就希望把所有的东西都买齐，东西是越买越多，越来越重。我和孩子是肩扛手提，汗流浃背，冒着40℃的高温，走在滚烫的柏油马路上。

很多家长也许会说，坐不起出租车，打个三轮车也行。我就是不坐，为什么？苦难磨炼，要让孩子懂得赚钱的艰辛，让孩子知道他的生活费来之不易，让孩子懂得生活并不容易。所以我坚持和他步行到车站。到了吃中午饭的时候，我们就找一个有树荫的地方蹲下来，拿出自己在家里准备好的干粮，就着白开水吃。为什么？省钱哪，我对儿子永远的理念是什么？粗茶淡饭，衣着朴实。

回到家吃晚饭的时候，我问儿子："今天和妈妈出来打工，感觉怎么样？"孩子就说："太苦了，又饿又累，这比我在家里吹电扇、看电视、做作业辛苦一百倍。妈妈，这真是太受罪了。"我马上接过儿子的话说："你说得对，但是为了让你接受好的教育，妈妈必须长年累月地这样干下去，也让你从妈妈身上学会坚毅，学会坚强地面对困难。"

优秀母亲就是这样教育自己的孩子的。可是在今天，绝大多数的父母宁愿自己吃苦，也不愿意让孩子吃苦，更不用说有意识地让孩子吃苦了。其实，这种做法是完全错误的，表面上看似爱孩子，实则是害了孩子。

儿童时期是人生的基础，父母要让孩子在这个人生的基础阶段，有意识地为他创造一些条件，让他吃点苦。否则，孩子就会因为缺乏吃苦的锻炼而无法拥有生活的本领，难以立足社会。

2.让孩子多经历生活的磨炼

目前的孩子普遍存在吃不了苦、贪图享受、不知付出、遇到困难只想退缩、不想担当、责任感差等现象，扭转这些现象，一定要从日常生活中做起，培养孩子吃苦耐劳的精神。

每晚吃饭的时候，小莱恩总要瞧准时机，站在自家门口，闻对门邻居餐桌上飘出的肉香，然后抽动鼻子，把香气吸进肚子里去。久而久之，小莱恩甚至能分辨出邻居吃的是什么肉。小莱恩想不通邻居家的餐桌上为什么总有鱼有肉，而自家十天半个月才能吃上一次肉。

小莱恩经常习惯性地吮着手指头站在门边看邻居一家吃鱼吃肉，口水从手指缝中流出。邻居常常会夹上一块肉放在他的手心，然后说："回去吧，回去叫你妈也买点肉吃。"有时小莱恩的几个弟妹也去，搅得邻居好烦。

有一天，小莱恩终于问妈妈："邻居的餐桌上为什么总有鱼有肉？"他想知道这个谜底。

妈妈没有回答。到了星期天，妈妈问小莱恩："今天晚上想不想吃肉？"小莱恩说："当然想。"妈妈沉声道："好吧，现在跟我走。"

妈妈带小莱恩到一家建筑工地，她向工头要了一截土方，工头在土方上画了白灰线，并告诉母亲，挖完了线内的土方，给工钱10美元。妈妈对小莱恩说："赶快挖，只要挖完了这截土方，晚上就可以吃肉了。"

小莱恩只挖了一会儿，手就发软，且磨起了泡，妈妈比画着说："已得一美元了。挖吧，再挖就又得一美元了。"小莱恩又支撑了一会儿，终于挖不动了。小莱恩说："妈妈，这太辛苦了，我吃不了这种苦。"妈妈说："歇一下吧，你歇一下再挖。"小莱恩就这样歇一会儿又挖一会儿，而妈妈总是不停地挖。

小莱恩记得那是初秋，天气仍然很热，妈妈的衣服湿了干，干了又湿，衣服上都能看到盐渍了。这么苦，小莱恩甚至想今晚不吃肉了。他鼓足勇气对妈妈说了心里话，妈妈说："孩子，不吃苦就无法尝到甜。"

一天下来，母子两个终于把土方挖完了。妈妈从工头那儿领了10美元。这时，小莱恩连走路的力气都没有了。

晚上，餐桌上摆上了香喷喷的大鱼大肉，弟妹们吃得香极了。妈妈对小莱恩说："孩子，我想你知道邻居餐桌上的谜底了吧？"

妈妈又说："这就叫吃苦，孩子，你知道吗？"小莱恩的心灵为之一震，面对餐桌上的鱼和肉，还有吃得正香的弟妹，他哭了。

那年小莱恩11岁，他刻骨铭心地记住了邻居餐桌上的谜底和妈妈说的"吃苦"两个字。

从这位母亲身上，我们看到了她的良苦用心。通过让孩子亲自去体验"苦"，最终让孩子认识到了苦和甜的关系。可以相信，这件事将影响孩子的一生。

孩子在生活里锻炼的过程中，真正参与到现实生活，真正感受到生活的不易，才能发现自己生活的珍贵，才能明白幸福生活要靠自己去努力才能得到。父母可以从日常生活中的小事做起，要孩子完成适当的家务，如打扫卫生、洗碗、清理房间等，可给予物质和精神奖励，以调动积极性。也可以要孩子参加社会实践，如卖报纸、农村生活体验、夏令营、与农村孩子交朋友等形式的活动。

坚持一下，转折点就在下一个路口

法国启蒙思想家布封曾说过："天才就是长期的坚持不懈。"我国著名数学家华罗庚也曾说："治学问，做研究工作，必须持之以恒……"的确，无论我们干什么事，要取得成功，坚持不懈的毅力和持之以恒的精神都是必不可少的。

成功是一个持续不断的过程，只有坚持沿着一条路努力往前走，才有可能取得成功，相反，如果仅仅是走上了成功的道路而不坚持一直走下去，那么即使你之前已经有所收获，你最终的结果也往往是半途而废。

古时有个叫乐（音yuè）羊子的人，他的妻子是个十分贤惠的妇女。有一次，乐羊子在路上拾到一块金子，拿回家交给他的妻子。

他的妻子劝告他说："我听说有道德的人不喝'盗泉'的水，廉洁正直的人不接受带有污辱性的施舍，更何况捡到别人丢失的东西使自己得利而玷污自己的品德呢？"

乐羊子听了，惭愧万分，便把捡到的金子抛弃掉，并且外出求学访师，以求能在学问上有所进步。

然而过了一年，乐羊子便回到了家中。妻子问："你怎么刚刚学了一年就回来了呢？"

乐羊子说："我在外面待时间长了，非常想念你，于是就赶回来看望一下。"

妻子听后，就拿起一把剪刀走到了织布机旁，说："这些丝绸，是把蚕茧抽成丝，再通过织布机织成，是一根丝一根丝通过长时间的积累而成寸、成尺、成匹的。现在如果把这匹丝绸剪断，以前的劳动就会白费。你在外求学也要日积月累，要通过不断钻研才能提高自己的学问和修养。如果学了一半就回来，这不是与剪断织布机上的丝线一样会前功尽弃吗？"

乐羊子听了妻子的这番话，非常感动，随即又外出继续求学，最终取得了成就。

乐羊子之所以会成功，就是因为他在妻子的劝说下选择了继续坚持。其实，成功没有秘诀，贵在坚持不懈。任何伟大的事业，成于坚持不懈，毁于半途而废。

卡耐基曾说："许多青年人的失败，都应归咎于他们没有恒心。"的确如此，大多数青年，虽然都颇有才情，也都具备成就事业的能力，但他们缺少恒心，缺少耐力，只能做一些平庸安稳的工作，一旦遭遇些微的困难、阻力，就立刻退缩下来，裹足不前。可见，不屈不挠、百折不回的精神，是获得胜利的基础。

坚持的品质对一个人的成长以及发展起着相当大的作用。法国微生物学家巴斯德说："告诉你使我达到目标的奥秘吧，我唯一的力量就是我的坚持精神。"的确，坚持就是胜利，但现实生活中，不少孩子做事没有恒心，缺乏持久性，常常半途而废。例如，原本计划在每天早上跑步半个小时，刚开始还能坚持，等到再过一段时间就放弃了；在课堂上听课，只能在前20分钟专心，后20分钟就无法继续坚持；在每一个新学期开始时，为自己制订了一个学习计划。最初几天还能完全按照计划学习，到后来却渐渐松懈，最后甚至完全舍弃了原订的学习计划。写作文的时候，通常前几段文字书写得非常工整，到后面就渐渐变得潦草凌乱，以至成了无人能识的"天书"……缺乏坚持性是很多孩子的通病，这不得不引起家长的重视。

一个人能不能够坚持，被认为是一个人心理素质优劣、心理健康与否的衡量标准之一，也是孩子未来能否成功的关键因素之一。培养孩子的坚持力，对孩子今后的人生道路有很大的影响。

意大利著名男高音歌唱家卢西亚诺·帕瓦罗蒂回顾自己走过的成功之路时说："当我还是个孩子时，我的父亲——一个面包师，就开始教我学习唱歌。他鼓励我刻苦练习，培养嗓子的功底。后来，在我的家乡意大利的蒙得纳市，一位名叫阿利戈·波拉的专业歌手收我做他的学生。那时，我还在一所师范学院上学。在毕业时，我问父亲：'我应该怎么办？是当教师还是成为一个歌唱家？'我父亲这样回答我：'卢西亚诺，如果你想创造人生的辉煌，就要坚持不懈地走下去，在生活中你应该选定你的人生走向。'我选择了。我忍住失败的痛苦，经过七年的学习，终于第一次正式登台演出。此后我又用了七年的时间，才得以进入大都会歌剧院。现在我的看法是：不论是砌砖工人，还是作家，不管我们选择何种职业，都应有一种献身精神——坚持不懈是关键。"

所谓"不积跬步，无以至千里；不积小流，无以成江海"，培养孩子持之以恒的韧性，对孩子今后的人生道路有很大的影响。拥有良好坚持性的孩子更容易成长为一个独立自主、有毅力、有恒心、自信、乐观、社会适应能力强的人。因此，父母一定要对孩子的坚持力进行训练，当然也需要父母的坚持力才能培养出孩子的坚持力。

1.鼓励孩子坚持到底

孩子做事没有意志力，常常半途而废，因此父母应该及时为他们加油鼓劲，鼓励他们坚持到底。父母应经常告诉孩子，坚持就是胜利，坚持就能成功。父母的鼓励可以让孩子重新树立起信心，把事情坚持到底，直到出色地完成。

有一次，刘峰看到邻居小朋友都在玩轮滑，他十分羡慕，便央求爸爸给他买一副轮滑鞋。经不起儿子的软磨硬泡，爸爸只好给刘峰也买了一副。

刘峰看到轮滑鞋很高兴，于是父子两人来到小区广场上开始练习。爸爸让刘峰坐在椅子上，很认真地给他穿上并绑好了轮滑鞋："好了，站起来吧！"刘峰兴奋地想站起来，可是刚一起来，却又坐在了椅子上。

"怎么了？怎么不站起来？"爸爸问他。

"我怕摔倒。"刘峰回答爸爸。

"没关系，站起来，往前走。"爸爸说。

刘峰鼓起勇气，晃晃悠悠地站了起来，可是刚迈了一步，就立足不稳，摔了一跤。刘峰的脸上顿时没有了刚开始时兴奋的表情，取而代之的是一脸恐惧。

"摔跤没什么的，不管是谁，刚开始学的时候都要摔跤，不摔跤是学不会的。来，再试一次！"爸爸鼓励道。

"不用怕，鼓起勇气，一会儿就学会了，继续！"刘峰虽然很害怕，但还是默默地点了点头。

"脚下要动起来，看着前方，别害怕。"

就这样，在爸爸的一次次的鼓励下，刘峰终于学会了滑轮滑。

当孩子做事情有半途而废的想法时，父母要对他们产生的困难及时予以帮助，对于他们的点滴进步要及时予以鼓励、表扬，使他们产生愉悦感和自信心，从而使孩子树立坚持完成任务的决心。

2.用成功人士的故事教育孩子

多给孩子讲一讲古今中外成功人士的故事，让孩子在这种文化氛围下成长，有益于孩子的学习和接受。

张子豪自幼跟着爸爸学古典吉他，并且学得很刻苦。不过到了小学三年级，他却再也不愿意学习了。爸爸问他："儿子，你为什么不愿意再弹吉他了？"

张子豪揉着脸抱怨道："爸爸，古典吉他太辛苦了，我觉得非常疲倦。再说，我觉得自己根本不是那块儿料，在这条路上压根儿就走不通的。我觉得我失败了。上次考级，我不就没有通过吗？我感到好痛苦，失败的滋味太难受！"

孩子的话，让爸爸陷入了深思。片刻之后，他打开电脑，找了一段著名吉他手的视频。这名吉他手在舞台上娴熟地演奏着，但是却与其他吉他大师完全不同，他的左手只有4只手指，右手甚至连小臂也没有！他艰难地抱着吉他，弹出的旋律却比许多正常人还要好！

看着看着，张子豪的眼睛瞪大了。他没想到，世界上还有这样的人！

这时候，爸爸缓缓说道："你知道吗？他很小的时候肢体便出现意外，可是，他却没有放弃，反而用更多的精力训练，这才有了今天的成就。和他比，你的条件已经很好了，可是你却还喊累、喊苦。"

这一次，张子豪没有再争辩什么。思索了一会儿，他回到屋子拿起吉他练了起来。从这以后，爸爸只要听到张子豪抱怨辛苦，那么就会第一时间调出这个视频。一下子，张子豪就不再继续说下去了。

后来，爸爸在张子豪的屋里看到，墙上多了很多这个吉他手的海报。爸爸明白，张子豪已经可以坚持下去了，因为在他心中，这个吉他手就是他一辈子的榜样。

　　每一个成功者必然都具有坚韧的意志，因为没有哪个人的成功不是克服重重困难，依靠坚韧的意志力的支撑而获得的。生活中，父母可以多给孩子讲一些名人故事或者让孩子多看一些名人传记，让孩子从名人成功的故事里体会到意志力的重要性，并利用名人的榜样作用时刻激励孩子。

第五章
拥抱健康：
健康的生活
就是自控练习

教孩子养成讲卫生的好习惯

讲究卫生不仅是预防疾病、增进健康的需要，也是社会主义精神文明建设中的一项重要任务。讲不讲卫生不是小事，它关系到每个社会成员的生、老、病、死与民族的繁衍，关系到国家的繁荣和富强，是社会风尚好坏的一个重要标志。对于个人来说，是否讲究个人卫生反映出这个人的思想觉悟、道德水平和文化素质的高低。

有一个食品公司，和外商洽谈一个合资项目。项目基本上谈妥了，只剩下最后举行签约仪式。外商提出参观一下工厂。公司总经理带着外商在打扫得干干净净的厂房里转悠，外商看得频频点头，很是满意。突然，西装革履的经理喉咙里觉得痒痒的，他咳了一下，随地吐了一口痰。外商皱了皱眉头，一会儿便告辞了。回去后，他通知中方说，签约仪式取消了，原因很简单，就是因为总经理的那一口痰。他说：生产食品需要严格的卫生措施，如果公司的管理者都有这样不好的卫生习惯，那么整个公司的卫生习惯就可想而知。

卫生习惯是一个人的素质体现。一个人如果不注重个人卫生，必定会影响到他人对自己的印象，以至影响今后的人际关系与个人发展。俗话说：冰冻三尺，非一日之寒。人的许多习惯都是从小逐渐形成的。如果能从小养成良好的卫生习惯，可能就不会发生故事中"因一口痰而错失签约"的情况。

中华民族是一个优秀的民族，自古以来十分看重人的道德品质，历来注重良好卫生习惯的养成。良好的卫生习惯，无论对个人还是整个社会都有无比重要的意义，特别对于孩子来讲，更会使他们终身受益。

但在日常生活中，有些孩子卫生意识淡薄，缺乏良好的卫生习惯。如有的孩子直接用脏手拿东西吃；有的孩子指甲很长不知道剪；有的孩子领口、袖口很脏；有的孩子走着走着，便旁若无人地将痰吐在地上……看来，养成良好的卫生习惯，对孩子来说是刻不容缓的事。孩子的思维敏捷，聪明伶俐固然重要，但从小培养孩子形成良好的卫生习惯对其一生的影响都很大，不可忽视和放松。

良好的卫生习惯会影响孩子一生的健康，使孩子受益终身。每个家长都希望自己的孩子干净整洁、人见人爱。训练孩子的卫生习惯，也是家长需要认真完成的功课。可让家长烦恼的是，这件事情并没有想象的那么容易。

10岁的永强聪明活泼，但是不太讲究个人卫生。每次上完体育课，同学们都说："永强，你该洗澡了，臭死了！"他的同桌晓敏更是把凳子往外一拉，尽量离他远点。

一次课堂上，晓敏闻到了一股脚臭味儿，仔细一看，原来永强正把鞋子脱了晾脚呢！又有一次，永强刚到学校，晓敏就问："你今天早上吃鱼了吗？"

永强说："没有啊！"

"那你嘴边怎么有一根鱼刺啊？"晓敏问道。

永强用手抹了抹嘴，说："哦，我昨天晚上吃的鱼！"

晓敏惊讶地说："你昨晚刷牙洗脸的时候没有发现吗？那今天早晨洗漱的时候，也该发现了吧？你是不是没洗脸啊？"

永强说："好像是！"

显然，上例中的永强没有养成良好的卫生习惯。

研究表明，孩子不爱讲卫生，很容易患上多种疾病，影响孩子的健康，也会给人邋遢和脏兮兮的印象，从而影响孩子间的人际交往。而良好的生活卫生习惯，不仅对预防疾病、保障健康有重要意义，而且对孩子以后的生活也会产生深远的影响。

家庭教育专家卢勤曾说过："良好的卫生习惯是从小养成的，一旦陋习形成，长大改起来就难了。一位电视台编导对我说，他和一位具有硕士学位的记者出差，走在路上，这位先生'啪'地一口痰吐在了地上，问他为什么不吐在纸里，他不好意思地说：'从小在农村长大，吐惯了。'当习惯成了自然，真是想改也不容易。看来根本的办法，是从娃娃抓起，让城乡的孩子从小接受讲卫生的自爱教育，从小养成不洗手吃东西难受、随地吐痰恶心、乱倒垃圾难为情的好习惯。当好习惯成了自然，陋习也就失去了立足之地。这样，就会真正筑起抵抗各种病毒的长城。"

良好的生活卫生习惯是保证孩子身体健康的必要条件。但是，良好的卫生习惯的形成并非一朝一夕之功，它需要家长不断地督促引导，所以，一定要有耐心、持之以恒。这是家庭健康教育的一个重要内容。

1.让孩子意识到不讲卫生的危害

有些时候，孩子不讲卫生是因为他缺乏相关的卫生知识，因此家长进行适当的卫生知识教育，让孩子了解不讲卫生所造成的危害，可以有效培养孩子讲卫生的好习惯。

玲玲是个聪明可爱的小女孩，白白的皮肤，一双水汪汪的大眼睛，很是招人喜欢。

但玲玲不爱洗澡，怕水进到眼睛里。每次在外边玩耍回来，总是为了洗澡和妈妈闹别扭。

爸爸告诉玲玲，人体有很多虫子，它们很小，但很厉害，会干坏事的。

这时，玲玲的头发有些痒，爸爸告诉她，细菌虫子在头发里开舞会，饿了就吃头发里的汗水，而且跑来跑去，把臭臭的便便拉在头发里，所以又臭又痒。

玲玲听了赶紧跑到浴室，让妈妈给她洗澡，还问爸爸，洗发水可不可以把虫子赶出来？爸爸笑着说，当然！香皂和洗发水会清理头皮和身体，把各种虫子通通洗掉，它们就随着水流到下水道里去了。

从此，玲玲变成了一个爱洗澡、讲卫生的小女孩。

可见，只有让孩子意识到不讲卫生的危害，才能树立起孩子讲卫生的意识。家长可以通过一些与讲卫生有关的动画片、故事等教导孩子，并在讲完后询问一些与讲究卫生有关的问题。让孩子在寻找答案和思考的过程中渐渐明白讲卫生的重要性。

2.给孩子制定卫生规则

给孩子制定严格而具体的卫生规则，让孩子去遵守，对孩子养成良好的卫生习惯意义重大。家长可以和孩子共同制定具体的卫生规则，还可以将这些规则以标语的形式张贴在墙上。发现孩子不能自觉遵守立即指出，直至形成习惯。

个人身体和服装整洁的习惯：正确地洗手、洗脸，勤理发、洗头、洗脚、洗澡、剪指甲，等等，这不仅能清洁身体，保证卫生，而且能够促进血液循环，增进健康。

饮食卫生习惯：每天都要吃早餐，不偏食挑食，定时定量进食，不乱吃乱买乱扔，饭前洗手，不喝生水，餐具清洁，生吃瓜果要洗烫削皮，不买、不吃"三无"食品和过期的食品，不吸烟，不喝酒等。

公共卫生习惯：不随地吐痰，不乱扔果皮纸屑，先洒水后扫地，不在墙上乱涂乱画，认真做好值日，保持教室、校园清洁卫生等。

父母在制定这些卫生规则的时候，一定要向孩子说明这些规则的意义，时时提醒孩子去遵守。当孩子有意要违反规则时，父母要适当地强势一些，引导孩子按照规则执行，否则就会助长孩子耍赖、不讲卫生的坏毛病。

3.发挥榜样的作用

父母想让孩子养成卫生习惯，首先要自己做到。如果父母都不能遵守卫生规则，要纠正孩子不卫生的习惯就十分困难了。所以，为人父母者首先检点自己的行为，真正成为孩子的表率。孩子在父母良好行为的潜移默化的影响下自然会形成良好的卫生习惯。另外，故事、诗歌、歌曲、影视作品中的艺术形象也有很强的榜样力和感染力，孩子也很喜欢模仿。因此，父母注重引导孩子接触好的艺术作品，通过这些最直接、最具体、最形象的影响来培养孩子良好的卫生习惯。

不挑食、不偏食，从小养成良好的饮食习惯

偏食、挑食是当前独生子女中最常见的现象。通过营养调查显示，87%的小学生和69%的中学生有特别的食物喜好，也就是人们平时说的"挑食、偏食"。常见的表现有：不爱喝奶；不爱吃蔬菜、肉类、豆制品及水果；嗜吃油炸食品、爱喝充气饮料，等等。因为偏食和挑食，会导致孩子在生长发育过程中存在很多营养的不均衡。

曾看过这样一篇报道：

在英国，有一名叫雷德曼的18岁少女，由于严重的挑食而患上了选择性饮食障碍症。她只吃方便面，不吃任何蔬菜和水果。为了"存活"下去，偶尔会吃少量的土豆和鸡肉。就连方便面，她也只吃一个特定品牌的鸡汤口味方便面。为了满足她独特的口味，她的母亲几乎每次购物都会给她买上十来袋这种方便面，其他方便面中可能有蔬菜，但让她无法接受。

雷德曼从5岁开始就因为看哥哥吃方便面而爱上了这种食物，而真正为它"疯狂"却是在8岁的一次食物中毒后。食物中毒让她对蔬菜和水果产生了恐惧心理，每一次尝试吃蔬菜和水果，她都惊慌、冒汗和恶心。从此以后，这种方便面几乎是她唯一的营养来源。一年中，她会吃下5千米长的面条。

严重的挑食让雷德曼营养不良，她的身体健康状况和80岁的老太太差不多，曾经让医生误以为她患了白血病。

从上面的报道可以看出，偏食、挑食是一种不良的摄食习惯，可导致某些营养素摄入不足或过剩，影响孩子的生长发育和身体健康。孩子偏食、挑食的习惯一旦形成，营养的吸收无法做到均衡、全面，将对身体健康和正常的生长发育产生不利影响。

具体来说表现如下：

1.偏食可致儿童多动症。儿童多动症主要发生在5～7岁间的男孩，以任性、好动、语言过多、注意力分散等为特点，令父母烦恼。研究表明，进食过多含有酪氨酸、水杨酸盐的食物以及进食大量调味品、人工色素和受铅污染的食物，可使具有多动症遗传素质的儿童发生多动症，或使该病患儿的症状加重。只要限制这类食物，症状可明显好转。因此，多动症患儿应忌食含有酪氨酸的挂面、糕点及乳制品，不吃含有甲基水杨酸盐较多的西红柿、苹果、橘子、杏等。

2.荤食为主的弊端。有些孩子平时只吃肉类，很少吃素，会对情绪和性格造成不良影响。学者们观察到，游牧民族比较好斗，实与其生活饮食习惯有关，他们以肉类食物为主食，以至血中儿茶酚胺水平升高，这种物质浓度高时，会使脾气暴躁。相反，出家人多性格温良，少思寡怒，与世无争，这虽与其身心修养有关，但亦与长期素食有关。长期吃素可导致血中5-羟色胺水平升高，使人心境平和，性情温顺。由此可见，偏食肉类的儿童同样会产生暴躁易怒、喜动好斗、不听劝阻等不良表现，饮食应以荤素合理搭配为宜。

3.甜食过多脾气变坏。一些孩子喜欢哭闹、躁动不安且任性。造成脾气不好的原因，除了家长的娇惯、溺爱和教育方式不当外，还与平时吃甜食过多有关。大量的糖在体内代谢，需要消耗大量的维生素B_1。体内一旦缺乏维生素B_1，会使丙酮酸、乳酸等代谢产物蓄积，特别在脑组织内蓄积过多时，就会出现情绪不稳、爱激动、好哭闹、多躁动等莫名其妙的乖戾的现象。

以上就是挑食、偏食的危害，这并非危言耸听，因为从每日的饮食中，孩子不仅要获取其正常生长发育所必需的营养素，而且还要积累对人一生的健康至关重要的各种营养素，以保证老年时体内的营养素仍能保持在一定的生理水平，来维持较好的健康状态。这也是近年来有关儿童生长发育的研究（特别是纵向研究）与成年人老化进程研究相结合而产生的新概念——"营养素银行"。从这个概念上我们也可以看到儿童早期营养对今后生命质量的重要性，以及偏食、挑食的危害性。

因此，作为孩子的家长应帮助孩子纠正偏食、挑食毛病，做到全面科学进食，促进孩子的健康生长。

1.保持良好的心态，避免对孩子的饮食过度操心

其实，孩子在成长过程中出现偏食、挑食的现象，这与家长的态度很有关系。比如，孩子这一餐某种食品多吃一点，那一餐另一种食品多吃一点，而假如家长过于纵容就会促成孩子吃饭挑食的坏习惯。吃自己喜爱和可口的食物是人的天性，家长一味地满足孩子的"口腹之欲"，就可能使孩子得不到平衡的膳食，从而导致孩子发生食物富足型的营养不良。

另一方面，为了让孩子能得到合理均衡的饮食，家长们往往使尽浑身解数，甚至追着孩子喂食，可孩子依然我行我素，弄得又累又急的家长火冒三丈。对此，专门研究儿童挑食行为的专家认为，如果家长用强制或粗暴的手段逼孩子吃东西，会使孩子产生逆反心理。因为不愉快情绪不仅会降低食欲、影响消化，而且会让孩子产生对立情绪或恐惧心理，这种强制进食往往也会增加儿童挑食的可能性。

2.纠正孩子吃零食的习惯

孩子是吃零食的主要群体。孩子适当吃零食可以的，但父母要引导孩子正确吃零食。比如，确定吃零食的时间和环境，注意定时定量，不让其吃得过多和一天不断地吃。要注意零食的品种选择，要让孩子吃一些有利于补充营养成分的食品，如补钙的袋奶、核桃、西瓜子等，还可以补充一些孩子本身营养缺乏的食品，如贫血的孩子吃些鸡蛋、炒青豆粒等。这样吃零食对孩子身体健康有益。

另外，吃饭前不要让孩子吃零食，饭前吃零食会影响到孩子吃饭时的食

欲，这也是养成挑食、偏食的一个因素。

3.从小培养孩子良好的饮食习惯

好的习惯必须从小抓起。合理的饮食结构和良好的饮食习惯是孩子身体健康成长的保证。一般应做到以下几点：

（1）舒适的进餐环境：进餐的环境要安静、卫生，餐前要洗手。父母不要在进餐时训斥孩子，保持孩子心情愉快。切忌边吃边玩。

（2）食物种类多样：食物应注意粗细搭配，粮食类（包括粗粮、细粮)、豆类、肉蛋类、鱼类、蔬菜、水果、油、糖等各种食物都要吃。

（3）定时定量：每顿饭的量要合适，早餐、午餐、午点、晚餐之间的比例以25%、35%、10%、30%为宜。教孩子细嚼慢咽，不暴饮暴食。

（4）调味料尽量少：盐分会影响血压、增加肾脏的负荷，而糖分过多则会令人肥胖，应尽量少吃。

4.父母以身作则

其实，孩子的偏食或挑食习惯往往是受到成人的饮食观念和习惯的影响。有的家长本身就挑食或偏食，见样学样，孩子是受到了家长的影响。有的是因为家长喂养不当造成的，比如对于孩子爱吃的东西，有的家长就随意让他吃，有时一次吃得太多，孩子容易吃伤。当然也有孩子的原因，比如孩子的口味比较挑剔、吃零食影响进餐时的食欲、饭前或吃饭时喝过多的果汁或含糖饮料等。所以，家长要想丰富孩子的口味，首先要以身作则，以自己良好的饮食习惯为孩子做出示范。

5.调动孩子的饮食兴趣

做饭的时候，让孩子一起做，充分调动孩子的饮食兴趣。或者买菜的时候带上孩子，让孩子对蔬菜等有更直观的认识。吃饭之前，让孩子帮着在餐厅里张罗，比如摆好餐具，或者端菜、盛饭等。把用餐作为家庭中的一件大事来做，就像是在过一个隆重的不同寻常的节日一样。这样做，孩子肯定能吃得比平常香。

爱上运动，生命之树常青

俗话说："身体是革命的本钱。"没有好的身体，什么也做不了，什么也干不成，这是众人皆知的道理。可是，好身体是怎么得来的呢？答案当然是运动。生命在于运动，没有运动也就没有生命。缺少运动的生命，是短暂的。运动不仅能增强体质，培养乐观、积极、向上的意志，增强人体对疾病的非特异抵抗力，同样也是合理生活方式和高质量生活的有机组成部分。从这个角度讲，人们获得健康的一个根本途径就是要养成健康的生活习惯，养成运动锻炼的习惯。

在欧洲，体育运动历来为人们所深深推崇。不管是赛艇、橄榄球、足球，还是击剑、马术，几乎所有体育项目的健将都是欧美青少年心目中的英雄。健康的身体与阳光的心态是成为绅士或者淑女的基本要求。体育运动不仅可以强身健体，更重要的是能够激励人们恪守已经建立起来的规则，培养人们成为有责任感的团队成员。

运动，不是有钱人的专利，是任何人都可以进行的活动。运动增添活力，提高生活情趣，这是大家公认的哲理。许多成功人士都是体育运动的爱好者：船王包玉刚是一个非常爱运动的成功人士，他每天清早都做45分钟的运动，最喜欢的运动是跳绳和游泳；李嘉诚也喜欢运动，他每天起床的第一件事就是去打一会儿高尔夫球；法国思想家伏尔泰喜欢散步、跑步、击剑、骑马、游泳、爬山等运动，直到80岁高龄时，还和朋友一起登山看日出；布什每周跑步4~5次，举重至少2次；爱因斯坦从小喜欢运动，一生坚持不懈，直到老年，人们尊重地称他"老年运动家"；日本作家村上春树坚持"早睡早起，每天跑10千米"；毛泽东主席酷爱游泳，曾畅游长江40多次，他更是把体育运动的意义提到一定的高度："发展体育运动，增强人民体质。"

运动是保持身体健康的最有效的方法之一，如果没有健康的身体，我们拿什么本钱去争取成功。因此，我们要养成运动的好习惯，让运动给我们带来旺盛的生命力。

运动如此重要，但在很多家长眼中往往被忽视。不少家长们认为，"考试的分数是最重要的，身体锻炼则无所谓"。但事实上，运动对于孩子来说，无论是身体上还是心理上都有非常重要的作用，而且运动还能够促进学业。英国埃克塞特大学的安杰拉·博尔丁已经发现，10~11岁的在校儿童中，每周参加3~4次体育锻炼的人平均考试成绩都会高出其他不锻炼的人。这种现象在男孩子中更为明显。她认为有氧锻炼可以为大脑送去更多氧气，从而提高大脑功能。

对于孩子来说，运动是最好的活动。西方传统教育的一个重要核心是体育，在欧美地区越是知名的学校越是拥有大量的运动场地。英国伊顿公学可以同时举行30多场足球比赛。从小培养孩子对运动的热爱，形成运动的习惯，可以让人终身受益。所以，父母要引导孩子，爱上运动，养成运动的习惯。

10岁的燕子是个性格内向的小女孩，学习成绩特别好。可是，她一点都不愿意在课间做广播体操。

一天上午，课间操的时间到了，同学们都去操场上排队做广播体操了，学校的广播室里也传出了广播体操的音乐声——"一二、三四、五六、七八、二二、三四、五六、七八……"只有燕子一个人独自坐在教室里看书。这时，班主任老师推门进来了，他奇怪地问："燕子，你怎么还在这儿？为什么不去操场上做广播体操啊？"燕子抬起头，说："做广播体操时，光整队就需要10分钟，简直是浪费时间，还不如在教室里写会儿作业、看会儿书呢。"老师对她说："你不能这样想，学习固然重要，但身体也很重要啊。做广播体操就是为了让大家锻炼一下身体，上了半天课，出去透透气，换个方式放松、休息一下，这样也有利于学习呀。"燕子说："其实同学们去操场只是做做样子而已，没有几个人会认真地做的。"老师有点生气地说："你说的这种现象确实存在，即使只是做做样子，但同学们总得伸伸胳膊、伸伸腿吧，这样也可以放松一下，对身体同样是有好处的。"燕子还是不答应："老师，我不想去，即使去了也是敷衍您，还不如不去呢。"

面对这个固执的学生，老师应该怎么办呢？

考一所好大学、找一份好工作、开拓一份属于自己的事业、成为某个领域的专家……为了实现这些梦想，孩子们每天埋头于功课，却忽略了一件重要的事——"坚持每天锻炼身体"。即每天安排一定的时间，做一些适合他们的运动，长期坚持，以达到强健体魄、促进心智的效果。因此，我们有必要提醒孩子的父母：为了孩子在充满竞争的环境中有一个良好的本钱，在为孩子制定人生目标、制订学习计划时，别忘了在成长一栏中添上体育锻炼的计划！

1.鼓励孩子多参加体育锻炼

儿童时期是人体发育的重要时期。这一时期生长发育的好坏，对人一生的体质和体型有很大的影响。因此让孩子进行合理的体育锻炼，有着特殊的意义。

10岁的小贝是个身体强壮的孩子，他特别喜欢体育运动，曾经还在校运动会上拿过奖呢。

星期天，吃完早饭后，小贝就翻箱倒柜地找自己的运动服、跑鞋。妈妈走过来，好奇地问："小贝，你把东西都翻得乱七八糟，在找什么呢？"小贝说："妈妈，我要把运动服和跑鞋都找出来刷洗干净。"妈妈很奇怪，问："你刷洗它们干什么呢？"小贝告诉妈妈："下个星期四我们学校里举行运动会，我报名参加了百米接力赛。"妈妈说："哦，原来是这样，你要加油啊，尽力拿到奖。"小贝说："我要争做第一！"妈妈说："好孩子，尽了力就好，第一不第一的无所谓。"

一个多小时后，小贝把自己的运动服和跑鞋刷洗得干干净净，晾晒在了阳台上。

体育锻炼是父母对孩子进行素质教育的良好载体。鼓励孩子多参加体育活动，并养成锻炼的好习惯，培养一些体育爱好，孩子将受益终身。

2.制订运动计划

培养运动习惯还需要仔细地规划。没有任何习惯的养成是在一天完成的，家长应当有仔细的计划，或者和孩子共同制订运动计划，可以是每天完成一定的运动量，也可以是每个月学会或提高一种运动技能。这样就会避免孩子三分钟热度的出现，也会让孩子在精神上得到鼓舞，更有利于孩子把运动坚持下去。

3.依据实际条件帮助孩子选择运动项目

陈康今年10岁，却已经快120斤了，妈妈看着越来越胖的儿子非常着急，每天都想着怎么帮儿子减减肥。

暑假到了，妈妈就和陈康商量，想通过运动帮助他减肥。起初陈康不愿意，因为他不爱运动。妈妈就给儿子分析肥胖的弊端，以及通过其他方式减肥的不安全性，陈康勉强答应了。随后，妈妈和陈康一起商量选择什么运动项目，最后选择了游泳。

在妈妈的带领下，陈康不到一周就学会了游泳。为了激发陈康的运动热情，既起到减肥的作用，又能增加孩子的运动兴趣，妈妈又给陈康报了个游泳班。班里经常组织孩子们参加比赛。

一个暑假下来后，陈康不仅减肥成功，还和班里的同学成了很好的朋友。

因运动锻炼的项目繁多，各有千秋，家长可以根据实际条件来帮助孩子选择合适的运动项目。首先应考虑到孩子的身体条件，身体条件好的，可以选择运动量大的锻炼项目，如踢足球、打篮球、长跑、长距离骑自行车等。如果体质较弱，则可选择一些运动量相对较小的项目，如散步、羽毛球、乒乓球等。其次，选择运动项目要考虑到气候、场地、器械等条件。比如，寒冬腊月让孩子去游泳，身在平原地区让孩子天天去爬山，住家周围没有球场而让孩子去踢足球，这些显然都是不现实的。最后，运动锻炼是孩子在运动锻炼，因而选择运动锻炼项目时，一定要充分考虑到孩子自己的兴趣，这一点很重要。比如，孩子喜欢踢足球，如果身体、场地、时间等其他条件都允许，就没有必要逼着孩子去练他不喜欢的排球。

帮孩子养成良好的睡眠习惯

　　良好的睡眠习惯不仅可以使孩子身体健康得以保障，而且使孩子能够保有充分的精力去积极主动地学习。

　　睡眠是人体恢复精力和体力的必需要件，是人的生命活动的一个有机组成部分。对于孩子而言，养成按时睡觉、早睡早起的习惯是十分重要的。

　　在现实生活中，应该说大多数家长都能够注意孩子按时睡觉习惯的培养。但不可忽视的是，也确实有不少孩子养成了熬夜的习惯。究其原因，从根本上来讲是由于孩子的不良作息习惯所导致的。而导致这种不良作息习惯产生的因素主要有夜间照明过亮、电视的诱惑、孩子白天活动少、父母作息规律的影响等。所有这些使孩子熬夜的原因，都是不符合科学的要求的，对孩子的健康和成长都极为有害。

　　小丽7岁了，她每晚睡觉都很晚，每到晚上都比白天更兴奋、更贪玩。还经常看动画片，遥控器总是她拿着，别想放手。如果爸爸妈妈强制性给她关了，她还会大哭大闹，然后自己又打开看，怎么说都不肯睡觉，晚上一般要11点左右才去睡，早上又经常赖着不起床，上学总是迟到。

　　有时候，即便不看电视，她也总是在床上辗转反侧，要不就找借口不睡，如要喝水，上厕所，身上痒痒，太热了，等等。

每当妈妈劝她早点儿睡觉时，她总是对妈妈说："我就不想睡觉！"妈妈真是拿她没办法。

生活中，像小丽这样喜欢晚睡的孩子很多，特别是在不上学的日子里，甚至于黑白颠倒。很多家长认为孩子晚上睡得少，白天多睡会儿，只要总的睡眠时间够了就可以了，其实这是错误的认识。其实，白天、晚上睡眠质量是大不相同的。孩子迟睡熬夜，至少会带来以下弊端：

（1）易影响身高增长。身高虽然与遗传、营养有关，但与内分泌也关系重大。人脑中下丘脑组织能分泌一种促进儿童发育的生长激素，它主要是在夜间10时至凌晨1时分泌。在儿童熟睡后60～90分钟，分泌明显增加，占全天分泌量的1/2～3/4。孩子长期迟睡，必然影响生长激素的正常分泌，对身体发育不利，尤其是身高。

（2）易影响智力发育。青春前期的儿童，每天应保持充足睡眠。经常熬夜会使人体生理功能受到影响，生物钟发生紊乱。上课时昏昏欲睡，影响智力发展，并使学习成绩下降。

（3）易使免疫功能下降。夜间充足的睡眠不仅能消除疲劳，还可提高人体免疫功能。迟睡的孩子可能会出现精神不振、食欲降低、体重减轻、全身乏力等状况，有的孩子还易患支气管炎、过敏性鼻炎等病。

著名中医师李家雄根据医疗实践指出，常常晚睡的孩子常有过敏性鼻炎和气管不好的毛病。临床上还发现，熬夜工作的大人容易衰老，而孩子则有眼睛易疲倦、常脚酸、不爱走路且情绪不稳定的倾向。

为了成长中孩子的健康，父母一定注意培养孩子早睡的习惯。

1.给孩子营造良好的睡眠环境

孩子晚上睡不着，很大程度上是受环境的影响，尤其是和父母一块睡的孩子，更是如此。比如，父母一直开着灯看书或来回走动，那么孩子就很不容易入睡。所以，作为父母，一定要为孩子营造良好的睡眠环境，就寝时间一到就关灯，让房间变得昏暗和安静，孩子上床以后就很容易入睡了。

2.让孩子从小养成按时作息的习惯

王蕊每天睡觉前，妈妈都会提前将房间的灯光调暗，然后让孩子洗漱，换好睡衣，到自己的床上躺好，再给她读几个故事。此时，家里客厅里的大灯也会调暗，电视机也会关上。爸爸和妈妈说话时，也都轻声细语的。在妈妈读故事的过程中，王蕊就会沉沉地入睡了。看到王蕊睡着后，妈妈再将她房间的小灯关掉，然后轻轻走出房间，给女儿关好房门。

日常生活中，家长要根据孩子的年龄特点，合理安排每天学习、游戏、饮食和睡眠的时间，要相对固定，形成习惯，不要随意改变。孩子不乐意时，可以通过讲故事、学儿歌等方式，让孩子懂得早睡早起的好处，假以时日，孩子便会养成遵守作息制度的好习惯。对于"夜猫子"式的孩子，白天可让他多参加户外活动，增加运动量。

3.睡前不做剧烈运动

孩子晚上做剧烈的运动容易过于兴奋而不能入睡。家长不要纵容孩子在晚上的时候任意玩耍，可以让孩子做一些安静的事情，如看看书听听音乐，或者写毛笔字、画画儿等。等孩子疲倦了自然就能睡着。

4.不威胁和打骂孩子

威胁和打骂逼孩子入睡会使他做噩梦，产生恐惧感，严重影响睡眠质量，所以家长在哄孩子入睡时最好不要威胁打骂孩子，要晓之以理、动之以情或者用提前制定出来的规则要求孩子，这样才能顺利地让孩子躺到床上去休息。

5.勿以剥夺睡眠的方式处罚孩子

有些家长，喜欢用剥夺孩子睡眠的办法惩罚孩子。"你今天不认真做作业，12点以前不许睡觉！"这种惩罚是很残酷的，它虽然不像打骂、斥责一样直接伤害孩子的自尊心，但它的"杀伤力"极大，在这种惩罚下，孩子的正常睡眠被剥夺了，他的生物钟紊乱了，他的发育成长的节奏被人为破坏了。我国古代刑罚就有不让犯人睡觉，对他们进行折磨。以不让睡觉来惩罚孩子，其实是把孩子当"犯人"一样摧残。

6.父母要以身作则

当孩子该睡觉的时候，家长总是赶着孩子去睡觉，自己却一直看电视或者玩手机，这会让孩子觉得"不公平"或者"孤单"，认为家长自己不睡觉，却要让自己一个人去睡，这就降低了孩子的睡意。所以到了睡觉时间，家长最好能跟孩子一样暂停所有活动，营造睡前安静的气氛。如果因为工作而早出晚归，也要首先安顿好孩子的睡眠，如回家以后注意别吵醒孩子等。

别让你的孩子沉迷于网络

随着网络的普及，越来越多的孩子接触到了电脑，孩子的上网问题也成为了一个日益严重的社会问题。据中国互联网络信息中心（CNNIC）数据显示，截至2013年12月，我国网民规模达6.18亿。其中，10岁以下网民数量占比为1.9%，约1174.2万，而10～19岁的网民占比24.1%，约合1.49亿。以此推算，中国16岁以下的青少年网民数量为1亿～1.2亿，占中国网民总数的16%～20%。由于青少年的未成熟性，缺乏自我辨别能力和自我控制能力，他们很难抵御网络垃圾带来的侵扰。网络产生的负面影响也日显突出，某些青少年学生痴迷网络游戏和聊天，影响学习，影响身体。看看下面几个事例：

14岁的周丽是一个花季少女，可是却已经有了很深的黑眼圈。周丽妈妈说女儿每天三更半夜都在守着电脑，不让看就在家里捣鼓，让别人都不能睡，甚至三更半夜跑去网吧，就为了追韩剧！自从过年拿到压岁钱，坚持要买Ipad，从此更是一发不可收拾，班主任已经几次在班级里批评她上课睡觉了。

小刚上初二，以前学习很好，一直是班里的前几名，也非常懂事、听话，在老师和亲朋的眼里，一直是聪明的好孩子。可是最近，他却开始迷上电脑，整天就想玩游戏，每周都要有1~2个晚上泡网吧，有时双休日每天上网五六个小时。因迷恋网吧，他独来独往，变得孤僻少语，很少与老师和同学交流，根本不想上学的事。父母为此打也打过，骂也骂过，但依然束手无策。

13岁的郭阳对上网非常有兴趣，特别是进入了一个很热闹的聊天室后，更是沉迷其中。他每天上网超过6个小时，白天上课没有精神，精力无法集中，学习成绩严重下降，视力越来越差，脾气变得很古怪，对同学与家人越来越冷淡，不再主动与人交流了。妈妈感到他的问题严重，发现是由于上网引发的，就坚决阻止他上网。可是已经严重上瘾的郭阳无法控制自己的情绪，认为妈妈是他的敌人，一气之下离家出走。

肖强是高一的学生，在同学的带领下到网吧上过一次网。网上丰富的内容让他仿佛进入了一个乐园，网络游戏更像黑洞一样吸引着他。从此他对网络是"一网情深"，欲罢不能。他的学习成绩明显下降，白天上课时总是无精打采，然而一摸到鼠标键盘就立刻神采奕奕。为了到网吧上网，半年之内他偷了父母3000多元钱，上网时间1000多小时。因为在网上游戏中的积分令同伴美慕，被称为"大侠"。父母发现他不愿上学，问其原因，他也不回答。后来父母发现他每天都去上网，家里少了许多钱，开始控制不给他零用钱，他一反常态，打骂父母，砸东西，多次自伤，还扬言要自杀，直到父母给钱为止。

孩子的自制力一般比较差，经常玩着玩着就上了瘾，晚上不睡觉，上课打瞌睡，时间一长，沦为网络游戏的"奴隶"，把自己的主业——学习忘到九霄云外去了。网络电子游戏已成为孩子分心、家长担心、教师烦心、学校忧心的"洪水猛兽"。

对于迷恋电脑的危害，美国早有发现。美国医生曾发出警告：长时间使用电脑，患精神病的机会较常人高出四倍。那些平均每天使用电脑4小时或以上的人，较多会变得情绪不稳、忧虑及沮丧。

心理学家还担心，在网络和电脑中成长起来的青少年会患上"情感冷漠症"，表现为对外界刺激缺乏相应的情感反应，对亲友冷淡，对周围事物失去兴趣；面部表情呆板，内心体验缺乏，严重时对一切都漠不关心。电脑导致的情感冷漠与普通的冷漠还有所不同。一般的冷漠可能由于精神疾病，而这种冷漠可以说是由电脑引起的，患者不是对所有东西失去兴趣，而是把这种兴趣都转移到电脑世界之中。

孩子一旦形成对电脑的心理依赖，会出现一种类似上瘾的症状，对别的事物失去兴趣，社交圈缩小，沉溺在虚幻世界中不能自拔。这不仅会使孩子正常的学习和生活秩序受到干扰和破坏，而且严重影响他们的健康成长。所以，家长必须采取恰当的措施，帮孩子摆脱来自上网的诱惑，克服迷恋网络的坏习惯。

1.父母要加强网络知识学习

作为父母，首先要自己积极学习相关的网络知识，要了解网络上所面临的负面影响和潜在的风险，只有家长们自己掌握了网络才能更科学地去影响孩子们正确地面对网络，在遇到孩子问题时才能更好地去帮助他们。

2.陪伴孩子一起上网

由于孩子暂时不具备良好的自我管理能力，上网时需要父母的陪伴，这一点在孩子刚刚接触网络时尤为重要。陪伴并不是说家长要盯着孩子上网，而是要引导孩子有效使用网络，让孩子的认知需求、自我实现需求、人际交往需求和学习需求可以在互联网中得到很好的满足。

3.合理规划孩子的上网时间

尽量让孩子在家里上网并控制好上网时间，最好平时用较少的时间使用网络产品，在节假日可集中使用。平时每天上网最好不超过一节课的时间，周末、节假日每天最好也不要超过2小时，还要注意每隔40分钟左右要停下来到户外活动活动。

4.把电脑放在家中的"公共场所"

父母最好把电脑放在家里的"公共场所"，如客厅或公用的书房等处。这样既可以让孩子感到玩游戏是光明正大的事，也便于家长对孩子玩游戏实施指导与监督，避免孩子接触暴力和淫秽内容。

5.培养孩子的自制力

小华周末打游戏打了很久，作业也没做，妈妈问他准备打到几点，他扭头看看钟说："再打10分钟。"妈妈说："说话可算数？"小华"嗯"了一声。很快10分钟过去了，他还在打，妈妈心里非常生气，却表现得很平静地说："你平常不是说，说话要算数吗？"他脸一红，对妈妈做了个鬼脸，马上关掉了电脑。

后来他打游戏，妈妈总是要他先自己规定时间，时间一到，必须马上关机。开始的时候，还需要人提醒，他才恋恋不舍地关机，后来只要停止打游戏的时间一到他就不打了，比以前自觉多了。

孩子的自制力一般都很差，看电视、打游戏时没有节制，如果家长只是劝说他停止或强行终止他的行为，只会让孩子难以接受或产生抵触情绪和逆反心理。如果引导他自己规定玩游戏或看电视的时间，给孩子一个缓冲，让孩子在心理上有个预备期，可以帮助孩子慢慢地形成自我节制的意识。

6.鼓励孩子多交流

现在的孩子中独生子女很多，没有和兄弟姐妹相处的经验，往往不合群。父母要动员他们、给他们创造机会和同龄人接触并交流。邻居的孩子、同事的孩子、表兄弟姐妹都可以经常来往，让他们感觉到人与人的接触很温暖、很快乐，从而淡化对网上虚拟世界的渴望，回到现实生活中来，做自己该做的事。

7.丰富孩子的课外生活

当孩子痴迷上网时，父母最好不要强迫他直接停止网络上瘾的生活，作为家长，我们更应该从深处诱导他们走向正轨。比如，培养孩子其他的业余爱好，不能让他们把所有的兴趣都放在网上，可以合理安排孩子们的课外活动。

有一个读小学6年级的男孩子，曾一度迷恋网络，影响了正常的学习乃至生活。为此，父母伤透了脑筋，曾使出了打、骂、关等招数，却收效甚微。后来，他的父母想到儿子以前很喜欢画画，便想把孩子的兴趣爱好重新转移到画画上。在一次暑假期间，做通孩子思想工作后，父母把儿子送到一个美术培训班。刚开始，儿子确实有些坐不住，但毕竟画画是他原来的爱好，也就坚持下来了。经过一个多月的培训，儿子的画画水平大有提高，不仅提高了画画的兴趣，更让人感到高兴的是，孩子逐渐从网络沉迷中走了出来。

有些孩子过度痴迷于网络游戏，是由于其生活太贫乏无味，因此，一定要丰富孩子的课外生活，避免虚拟时空诱惑。例如，父母可以带孩子去旅游或郊游，在自然景观的熏陶中提升孩子对大自然的热爱；可以带孩子去参观博物馆、画展、摄影展等，提高孩子的文化素养；可以带孩子去图书馆，让孩子在知识的海洋中徜徉，提高学习能力；陪孩子在家里共读中外经典，在交流分享中增进亲子感情和陶冶性情；等等，让孩子逐步把精力转移到有宜身心的活动上。

珍爱身心，远离烟酒

近年来，吸烟、饮酒的人群日趋低龄化，给青少年的身心健康造成了严重的危害，这已成为一个不容忽视的社会问题。

据估计，我国青少年男生吸烟与喝酒率分别为38%和24%。然而不仅仅是男孩，一些女孩现在也开始吸烟和喝酒，并且女孩子吸烟和喝酒的比例正悄然地、迅速地增长着。

那么是什么原因造成青少年过早地吸烟、喝酒呢？专家指出，青少年吸烟是多方面原因促成的，主要是受好奇心理、精神空虚、追求时尚、叛逆心理、渴望被关注等心理因素影响而造成的。

15岁的林峰，性格比较内向，因此朋友也比较少。他内心里十分渴望交到很多的朋友，使自己成为一个受到更多人欢迎的人。有一天，林峰去参加一个朋友的生日聚会。当时很多同学都在，而且还都是端着酒杯，一副很自然的样子。这时候，一个朋友拿着酒瓶来到林峰面前，准备往他杯子里面倒酒。

林峰忙掩着杯子说："我不会，我不能喝酒……"

倒酒的朋友瞪了他一眼，说："你不喝，可就是不给我面子！"

旁边的同学也纷纷劝他说："大家都在喝，你一个人不喝多不好。"

"不会喝没关系，喝一次以后就会了嘛。"

林峰不知道该如何拒绝他们，最后杯子终于被满上了酒，大家碰杯的时候，他也被迫站起来，碰过杯，喝了一口，辣得眼泪都流出来了……

后来，有一天下午放学的路上，林峰和一个同学一起回家，那名同学神秘兮兮地拿出一根香烟，给林峰看了看，然后动作很熟练地点燃，抽了起来。林峰看他陶醉的样子，问他是什么感觉。那名同学只笑了笑，什么也没说。

回家后，林峰也偷偷地从父亲的烟盒里面拿出一根来，叼在嘴上。在犹豫了片刻后，林峰对自己说："我就抽一根，感觉一下，不会上瘾的。"第一次除了呛得难受，没找到什么感觉，于是第二天，他又手痒，又去偷了一根来。过了不久，林峰发现，自己竟然哪天不抽就觉得有点不舒服了。

青春期正处于向成人的过渡期，对成人的世界表现出强烈的好奇心，不能正确判断是非，易受外界不良因素的影响，凡事都跃跃欲试。有些孩子还错误地认为吸烟喝酒能解愁、提神，于是，很多孩子不顾任何后果地开始抽烟、喝酒。但实际上，烟酒对孩子的身体和心理发育危害极大。

医学专家指出，吸烟对发育成长中的孩子的骨骼发育、神经系统、呼吸系统及生殖系统均有一定程度的影响。由于青少年时期各系统和器官的发育尚不完善，功能尚不健全，抵抗力弱，与成年人相比吸烟的危害就更大。此外，由于青少年呼吸道比成年人狭窄，呼吸道黏膜纤毛发育也不健全，因此吸烟会使呼吸道受到损害并产生炎症，增加呼吸的阻力，使肺活量下降，影响青少年胸廓的发育，进而影响其整体的发育。

据世界卫生组织报道：吸烟的青少年患咳嗽的、痰多的、肺部感染的以及肺功能受害的要比不吸烟的青少年显著增多。这就影响他们肺部的正常发育。这不过是显而易见的危害。如果不及早戒掉，吸烟成了习惯就会造成慢性支气管炎、肺气肿，甚至肺心病，严重影响健康，缩短寿命。许多观察还证明吸烟者比不吸烟者的肺癌发病率高出10倍以上。吸烟开始的年龄越早，发生肺癌的年龄也随着提前，发病率的倍数也越大。例如，20～24岁开始吸烟的为10倍，15～19岁的为15倍，15岁以前就开始的为17倍。

另外，据调查，吸烟的青少年在学校的缺课率、病假率、住院日都显著高于不吸烟者，而学习成绩则显著低于不吸烟者。

喝酒对孩子的危害也是相当大的。青少年正处于生长发育时期，各个组织器官的发育尚未完善成熟。而饮酒对正常的生理功能及发育会带来严重影响。经科学家实验证明，酒精能使生殖器官的正常机能衰退，如果经常饮酒，会使性成熟的年龄推迟2～3年。青少年的食道黏膜细嫩，管壁浅薄，经不起酒精的刺激，可引发炎症或使黏膜细胞发生突变。同样，胃黏膜也比较嫩，酒的刺激可以影响胃酸及胃酶的分泌，使胃壁血管充血而导致胃炎或胃溃疡的产生。酒精进入人体后，要靠肝脏来解毒，而青少年的肝脏分化尚不完全，肝组织较脆弱，饮酒会给幼嫩肝脏难以胜任的负担，这样就会破坏肝的功能，甚至引起肝脾肿大。除此之外，酒精中的一些化学成分会阻止青少年自身对钙的吸收和利用。人体骨骼的生长离不开钙的参与，一旦钙的补充不足，青少年的身高自然而然地就没有多大的发展空间了。

另外，青少年的神经系统还较稚嫩，自制能力差，酒后易行为失控，容易产生某些心理疾病，如心理脆弱或者智力缺陷，经常饮酒者大约15%可发展为各种精神病。青少年饮酒还可以诱发各种事故甚至危及生命，如偷食禁果、与人争斗、擅自驾车等。

世界卫生组织的专家指出，烟草和酒精是"毒品的入门"，吸烟和饮酒成瘾以及滥用药物的人，更容易沾染毒品。统计资料显示，74%的青少年犯罪是从吸烟喝酒开始的。所以，让孩子远离吸烟、饮酒等不良习气的影响成为迫在眉睫的问题，我们要让青少年从根本上抵制诱惑，远离烟酒，帮助每个孩子健康成长，养成良好的生活习惯。

1.告诉孩子烟酒的危害

孩子由于心智尚未完全发育成熟，因此对事物的认知难免会有偏差。在吸烟喝酒这方面，可能对烟酒的危害性认识不够，如果能充分认识，一般来说会主动戒烟戒酒。

为了教育儿子远离香烟，一位妈妈带着孩子上网、去图书馆查阅资料，让孩子收集了许多关于吸烟的种种危害。孩子震惊了，看似小小的香烟却是身体健康的巨大杀手，致癌以及危害心、脑血管甚至造成猝死……孩子当即表示："妈妈，吸烟危害这么大，我一定会说服身边的人远离香烟，自己长大后更不会去吸烟！"

为了让孩子了解烟酒对人的危害，父母可以通过日常生活中的事例，对孩子晓以利害。例如，烟草中含有大量有害物质，对呼吸器官的损害尤其严重；酒精对神经系统有麻痹和抑制作用，对身体危害极大，更可能因为醉酒酿成祸患。

2.让孩子远离不良朋友

"近朱者赤，近墨者黑。"正值青春期的孩子，比较容易受同学和朋友的影响。周围的朋友吸烟喝酒，孩子就容易学会吸烟喝酒。有不少青春期孩子都是在同学和朋友的劝说、怂恿下才抽烟喝酒的。很多孩子都认为：朋友递上一杯酒（一支烟），如果自己不喝（吸），有失交情，只有一块儿吸烟或喝酒才够朋友。因此，父母一定要注意孩子交的是什么样的朋友，他们是否有吸烟喝酒的嗜好。如果孩子周围确实有这样的朋友，就要设法使孩子和这样的朋友隔离，最大限度地减少孩子与有吸烟喝酒习惯的人接触。

3.减轻孩子的压力

孩子之所以抽烟喝酒，一个很重要的原因是学习、生活的压力过大，而父母又很少去倾听孩子的心声，因此孩子只有把释放压力的希望寄托在烟酒上。所以父母不要给孩子太大的压力，而且要经常与孩子谈心，以免孩子因压力过大而染上抽烟喝酒的不良习惯。

4.与孩子进行情感交流

某电视台曾做过这样一个报道：一个父亲将自己爱喝酒的儿子拉出了旋涡。这个男孩曾经也是品学兼优，但是由于某段时间，孩子的爸妈工作忙，没多少时间陪孩子，孩子交了几个不良青年做朋友，结果就染上了酒瘾。等父亲知道的时候，孩子已经快要喝酒成性了。

从那以后，父亲就刻意多抽出一些时间跟儿子相处，没事的时候常跟儿子聊天。一天，父子二人坐在桌子旁边吃东西，父亲拿出酒，要跟儿子一起喝。儿子顿时满脸通红。父亲什么都没说，只是讲了一个故事：一个人一次走在桥上将要掉下河了，旁边的人赶忙拉住他。可他就是使劲儿往河里跑，人家只好松了手。后来问他为什么，他说："我一定要拉赢他！"

父亲问儿子："这个人为什么这样说？"儿子说："因为他喝多了。"父亲没有说话。沉默良久，儿子说："我的几个同学放学总是去喝酒，前段时间，我自己在家里没有什么事儿干，他们就给我打电话。开始我不想去，后来实在是禁不住他们磨我，我就去了。第二天晚上，他们又找我，我不想去，他们就说我不是男人，我就又跟他们去了。结果我喝得有点多，但是你跟妈妈都没有看出来。后来，我们就又去了几次。"父亲用力地拍了拍儿子的肩，说了几句语重心长的话。

从那天开始，儿子很少再去喝酒。他知道，自己的一举一动全都在影响着父母的心情，他们更需要自己。

孩子染上吸烟、喝酒的毛病之后，切不可打骂，要走进孩子的情感世界，千方百计取得孩子的信任。只有走进孩子的情感世界以后，父母的劝告才能被孩子接受，孩子才能主动远离烟酒。

5.父母要以身作则

家长就像孩子的一面镜子，大多数孩子之所以吸烟喝酒是和父母吸烟喝酒分不开的。所以，家长不要在孩子面前饮酒或吸烟，也不要让孩子去为自己买酒、买烟。

第六章
行为准则：
让孩子管好
自己的行为

有爱心的孩子内心更有力量

"爱心"是人类教育的一个永恒的主题，是人类所有感情中最高贵、最纯朴、最真挚的，是人类社会向前发展的最根本原因。从古至今，有一颗善良友爱的心一直是人们所推崇的。孔子说"仁者爱人"，孟子讲"王道"，都是以爱为核心的。

一次，苏联文学家高尔基生病了，到一个孤岛上养病。他的儿子来看他，临走时，在父亲住的房子周围撒下了许多花种。春天来了，鲜花开放了，高尔基的病也好了。他十分兴奋，给儿子写了一封信，信中说：

你走了，可是你种的鲜花却开放了。我望着它们心里想：我的好儿子在岛上留下了一样美好的东西——鲜花。要是你不管在什么时候、什么地方，留给人们的都是美好的东西，是对你非常美好的回忆，那你的生活该多么愉快呀！

高尔基的这封信告诉我们一个真理：播种爱、传播爱的人是最愉快的，是最受欢迎的。

爱是美好品德的核心，是人类最伟大高尚的情感。爱，可以让我们察觉别人的困难，并唤醒我们的良知与感情，我们才会变得宽容而富有同情心，才能理解别人的需要，才会伸出双手去帮助那些受到伤害和需要帮助的人。一个不会爱的人是可怕的，他的感情生活也将一片空白。

爱心不是有钱人的行为，人人都能做，只要你愿意付出你的爱心。曾经有人做过这么一项调查：今天的孩子缺什么？调查结果中一致认同的一项就是缺少爱心。很多孩子从一出生开始，就有好几个大人围着他们一个人转。家里所有好吃的、好用的、好玩的，都是他们优先，生活被照顾得尽善尽美，需要的一切都被大人完全包办代替了。长此下去他们就失去了爱心，形成了一种习惯——"人人都要为我""唯我独尊"，而且视之为理所当然的事情，最终几乎成了他们的天性。正如一位儿童教育家所说："只知索取，不知付出，只知爱己，不知爱人，是当前独生子女的通病。"

一天，一位女孩儿来找心理老师。她面带愁容对老师说："我心里很苦恼，因为宿舍里的同学都在疏远我，而且好像还在背地里议论我，我心里好难受。"女孩说着说着，眼泪夺眶而出。老师和颜悦色地劝她冷静些，然后慢慢询问她遭人冷落的原因。

原来，她叫周莉，和她同住一个宿舍的还有七个女生。刚开始，八个人关系还好，一次，一个舍友红着脸向周莉借十元钱，周莉担心她不还，就借故拒绝。有一位舍友担任班里的宣传委员，见周莉美术不错，就请她帮忙出一期黑板报，可周莉想，我又不是班干部，我才不干呢？班里有位同学患了重病，同学们踊跃为其捐款，周莉不以为然，最后很不情愿地捐了一元钱。

后来，周莉发现其他人开始疏远她，甚至有意躲着她。"有时，我因有事让她们帮我交作业，她们竟都借故推托。她们真是太过分了。"周莉伤心地说。

周莉的遭遇不是偶然发生的。她的一些行为体现出了她的自私、冷漠和封闭性，对别人的吝啬最终却将自己逼入了困境。这种情况应该说是跟家长的教育与家庭影响有着很大的关系。对于家长来说，道德教育的缺失是很严重的问题，没有了道德教育，任何教育的实施和开展都是无用的。为人父母要充分认识到爱心对孩子的成长、对孩子一生的幸福是至关重要的。

对于一个孩子的个性发展而言，没有什么能比爱和善良更重要的了，这是孩子将来融入社会的基础和前提。无论做什么事都要有一颗爱心，其他的品质都是爱心的延伸。只有爱，才能感受到生活的乐趣；只有爱，才能创造和谐的人际关系；只有爱，才能享受到人生的真谛；只有爱，才能感受到人类的伟大。

冰心曾说："有了爱就有了一切。"爱是美好品德的核心，是人类最伟大高尚的情感。对于孩子，我们不但要为他们创设一个被爱的环境，更重要的是要让他们学会如何去爱别人。只有在"爱"与"被爱"的双重环境下，我们的下一代才可能健康地成长起来。

爱心的产生，是基于个体的社会性情感需要，它不是人与生俱来的品质，而是在后天的环境和教育的熏陶下逐渐形成的习惯性心理倾向，必须在童年时细心培养。所以，家长平时应注意对孩子一点一滴的培养、一言一行的引导，在平时生活中关注孩子，培养孩子的爱心，那仁慈博大的爱心，就会在孩子心头扎下根，并会随着孩子的成长而不断扩展和升腾。

1.鼓励、引导孩子的爱心

培养孩子的爱心，要从赏识孩子的行动开始，对孩子的爱心行为和表现做出正面的、积极的回应，通过这种回应和赏识，强化孩子的爱心行为，鼓励孩子在以后怀着一颗爱心去生活。

有一次，幼儿园举办了一个亲子活动，要求家长和孩子共同参加。活动结束后，小朋友们拿着盘子排起队，去拿好吃的蛋糕。其中有一个男孩子拿了两个盘子在排队，他的妈妈就问："你想吃两份吗？"

小男孩回答说："我想给莉莉带一份。"妈妈回过头，看见幼儿园新来的小朋友莉莉正孤单地坐在角落里，显得郁郁寡欢。

"是她让你带一份吗？"

"不，莉莉的爸爸妈妈都没有来，她好像不太开心，我想帮帮她。"

妈妈对小男孩的表现感到惊喜，她不失时机地表扬了儿子。

当孩子做出爱心之举后，如果得到了肯定和表扬，那么他还会继续这么做。因此，当孩子帮了别人一些小忙，或者替别人着想时，父母要及时表扬他的这一举动，鼓励他以后多做一些助人为乐的事情。

2.爱心的行为从爱护小动物开始

苏霍姆林斯基说："从一个孩子如何对待鸟、花和树木的态度，可以看出他的道德水准。"有调查表明，在日常生活中，爱护小动物的孩子，绝大多数都具有爱心；而残忍对待小动物的孩子，均具有强烈的攻击性，缺乏爱心。所以，对孩子进行爱心教育，可以从指导孩子爱护身边的小鸡、小鸭、小猫、小狗、花鸟鱼虫开始，让孩子懂得珍惜生命，让孩子在亲自照料小动物的过程中，学会体贴入微地亲近生命。这种"实物教学"往往会收到潜移默化的教育效果。

小明的妈妈是一个非常有爱心的人，她也会用自己的切身行动教育孩子有爱心。有一次，一只受伤的麻雀落到小明家的院子里，身上湿淋淋的、弱弱的，奄奄一息，一副楚楚可怜的样子。妈妈小心地把麻雀用手捧起来，擦干它身上的水，把它放到干燥的阳台上，给它端了一小碗水，撒上一些米粒，让它在温暖的屋里有吃有喝，不挨冻受饿。后来，麻雀有精神了，妈妈就把它放飞了。小明目睹了这一切，他小小心灵也受到了感染，对爱心的理解潜移默化地渗透到他的心里。

爱护动物，看似小事，其实，这里面是培养孩子爱心的一个最朴素和最有效的办法，家长必须要抓住这个契机，让孩子知道怎么样亲近自然，亲近生活，亲近人类的朋友。在家庭条件允许的情况下，父母可以在家中养一些小动物，让孩子饲养，或者是养一些植物，让孩子来浇灌，在这个过程中，培养孩子对生命的尊重，间接地培养孩子的爱心。

3.学会接受孩子的爱

很多家长已经习惯了对孩子付出。而在面对孩子的爱的付出时，他们会因为心疼孩子而做出"拒绝"的行为。殊不知，这样做其实不仅不能让孩子感受到父母对他的疼爱，有时反而会深深伤害孩子表达爱的积极性。

"三八"节到了，幼儿园的阿姨让孩子们想办法给母亲过节。孩子们决定给母亲送上一杯浓浓的、甜甜的糖水，让妈妈感到生活是非常甜美的。事后，阿姨找到孩子们了解情况。

一个孩子说："那天，我早早就等着妈妈下班，一听到她下班的脚步声，我就跑上前去，给她递上浓浓的、甜甜的糖水。妈妈一饮而尽，脸上露出幸福的笑容，还亲了我一口！"

另一个孩子说："我可没有你那么幸运。我跟你一样，早早做好了准备，妈妈见到我，却说：'这是干吗？你少来这一套，得几个一百分比什么不好？'"

第三个孩子说："我妈妈的脸，是在喝了一口糖水后耷拉下来的。她说：'傻丫头！你到底搁了多少糖啊？'"

这三位妈妈中，只有第一位妈妈懂得要让孩子做一些事情，父母应该接受孩子的爱。其他两位妈妈都忘记了应该向孩子索取一些爱，培养孩子的爱心。这可能让孩子们误认为，原来父母是不需要爱的，他们只需要成绩。一旦孩子产生了这样的想法，以后他什么都不过问了，他们会变成不懂爱、不会爱的冷漠的人。

其实爱是孩子的天性，他们从小就希望能为他人做什么，只是一种缺少表现的机会，不少家长们太多关注孩子们的学习了，从而忽视了他们的感受，如果孩子想要向父母表达自己爱的情感，就让他们大胆地释放出来吧，不要总是一味地盯着孩子的学习，适当地给孩子一些自由和快乐，多关注一些孩子们的情感，和他们多交流、多沟通。如果你的孩子在家或者是在学校做一些好人好事，就多给予他们及时的表扬和鼓励吧，这会使他们感到无限的快乐。

4.给孩子提供奉献爱心的机会

孩子的爱心并不是无端地就自己形成的，有时候需要家长提供一些机会来让孩子散发出爱心的光芒。例如，通过捐款活动、当志愿者等，让孩子们通过帮助他人，明白到互助是表现爱心的一种方式……这些不同的形式都为培养孩子的爱心提供了教育的机会。

春节期间，某市有很多志愿者家长带着孩子来到一个村子，给服刑人员的孩子送去了礼物和爱心。有家长去之前就给孩子说："那里的孩子更需要关怀和帮助，我们一定要给他们带去我们的礼物和新年诚挚的祝福。"

正因为有这么多有爱心的人来关心这个村子里的孩子，村里充满了欢声笑语。很多志愿者带来的孩子都与村里的孩子们玩着游戏，丢沙包、跳绳、拔河，大家脸上都洋溢着欢乐的笑容。村中孩子们的房间里，摆着志愿者为他们带来的各式各样的春节礼物。

"这些玩具我都玩不上了，可以送给那些比我还小的弟弟妹妹们。"有一位志愿者的孩子这样说，"春节前，我和爸爸妈妈通过收看电视节目了解到这个村里小朋友的情况后，知道许多像我一样大的孩子不能回家和父母一起过年，便想在春节期间来看望这些小朋友，于是找出一些自己的玩具以及用不着的文具，准备送给他们当春节礼物。"

"相比之下，带孩子出去玩和来这里，我认为还是后者更有意义。"一位志愿者家长说。负责接待志愿者的老师也说："这几天放弃假期休闲的机会，到这个村子做志愿者或来献爱心的人有很多。很多都是一家三口一起来的，给孩子们送来不少生活用品和小礼物。我想，通过这种活动，这些志愿者也给孩子上了一堂生动的爱心教育课！"

在对孩子进行爱心教育时，家长要给孩子提供一些机会和条件，爱只有落实到具体的事情和人身上，才能得到及时的加强和反馈，感觉到快乐和幸福，才能巩固爱的行为，丰富爱的感情。父母在创造孩子表达爱的机会和条件时，对孩子的助人行为和同情心等爱的表现，应该给予及时的鼓励，使他们感到无限的快乐。

少说多听，管好自己的嘴

曾经听过这样一个小故事：

一个小姑娘问妈妈："为什么人有两只眼睛、两个耳朵、两只手，却只有一张嘴巴？"妈妈告诉女儿："这是让人要多看、多听，多做，少说话呀。"

故事很短，却形象而深刻地说明了"听"的重要性。良好的倾听习惯是人不可缺少的素质之一，是人与人交往的必要前提，是人进行学习的重要手段。让孩子养成良好的倾听习惯，对其今后的发展相当重要。

俗话说得好："会说的不如会听的。"也就是说，只有会听，才能真正会说；只有会听，才能更好地了解对方，促成有效的沟通和交流。

倾听是一种礼貌，是对说话者表示尊敬的一种表现，也是对说话者的一种高度的赞美，更是对说话者最好的恭维。心理学研究表明，越是善于倾听的人，与他人关系就越融洽。因为倾听本身就是褒奖对方谈话的一种方式，你能耐心倾听对方的谈话，等于告诉对方"你是一个值得我倾听你讲话的人"。所以，如果要别人喜欢你，首先做个好听众，并随时鼓励对方谈谈他自己的事。

小李的父亲是位知识分子，为人古板，不喜与人交往，每次来了小李的朋友，父亲就独自躲到书房，很少与人打招呼。一次，小李的三个高中同学来到家里。大家见面分外亲热，其中有两位喜欢下棋，闲谈中都是些术语、行话，而另外一位对"黑白世界"一无所知，无聊中去了父亲的书房。这外边三位在棋局上杀得天昏地暗，没去管他。等玩够要走时，才从书房中把那个同学叫出来，令小李吃惊的是，老父居然送出房门口，还问儿子为什么不留他们吃饭，临行还一再叮嘱：以后有空来玩。在小李的记忆中这是父亲第一次留他的同学吃饭，而且后来还经常问及那位同学为什么不来玩。

小李在惊叹之余，问及同学怎样赢得父亲的欣赏。结果那同学说："没什么呀，你们下棋我不懂，就去你父亲书房，见你父亲在看一本水利方面的书，就问你父亲是否搞水利的，然后就好奇地问长江大桥的桥墩怎么做的，你父亲就开始给我讲解，如何先将一个大铁筒插进去，将里面的水抽干，挖出稀泥，打地基，直到做好干透，再将铁筒抽掉，你父亲在说，而我只是认真听，也没说什么。"

在人与人的交往中，听是一项非常重要的技能。如果你是一位善于倾听的人，会发现别人自然而然地被你吸引。世界著名的记者迈克逊说："不肯留神去听人家说话，是不受人欢迎的原因之一。通常，他们只关心自己该怎么说下去，根本不管别人要说什么。要知道，世界上多数人都喜欢乐于倾听的人，很少有人喜欢那些不停地说自己的人。"每个人都认为自己的声音是最重要的、最动听的，并且每个人都有迫不及待地表达自己的愿望。在这种情况下，友善的倾听者自然成为最受欢迎的人。

对孩子来说，学会倾听是一种必需具备的美德和交际能力。倾听既是一个听的过程，也是一个学的过程。在倾听他人的过程中，孩子可以从他人的言语中学习到一些自己不知道的知识和他人的为人处世的态度与原则。学会倾听，也就学会了尊重别人，学会了真诚处世，学会了关心，也学会了理解和沟通。

学会倾听是一种能力、一种习惯。它不是一朝一夕养成的，是一个长期的过程，这就需要家长经常提醒、督促和长期的指导。在平时的生活中，只要父母善于捕捉教育契机，适时引导，不断训练，就能使孩子逐步养成倾听的良好习惯。

1.教孩子一些倾听的技巧

小阳的妈妈最近遇到了烦恼，幼儿园里的老师告诉她，小阳在班里的表现欲望过于强烈，常常喜欢打断老师的讲话，老师让其他小朋友回答问题时，小阳也从来不听，有时候，老师明明给了小阳明确的提示，但小阳也还是陷在自己的思维里，不断重复自己的讲述，老师要求小阳妈妈配合训练小阳的倾听本领。

倾听是一种学习技巧。孩子不能认真地倾听他人讲话，往往与他不懂得如何去听有一定的关系。所以，父母有意识地教他一些倾听的礼仪，这对他养成倾听的好习惯有很大的帮助。我们要经常告诉孩子：听别人说话时，眼睛要看着对方，聚精会神地听清楚听明白。在别人还没讲完时，不要着急地发表自己的看法。听完以后再想一想，对方说的或问的是什么，如果自己没有听清楚，可以再问一问，如果听清楚了，再说出自己的意见。

2.及时肯定孩子的倾听行为

杨洋是个调皮好动的男孩子。这天家里来了客人，客人问杨洋话，杨洋总是不能认真地倾听，一会儿看电视，一会儿摆弄他的变形金刚，一会儿又和小狗玩起来，爸爸妈妈在与客人聊天时，他还会时不时地插嘴……

客人走后，妈妈把杨洋叫到身边，杨洋满以为妈妈又会像以前一样教训他一通。让他没想到的是，妈妈不但没有教训他，反而夸他："儿子，刚才那位阿姨走的时候夸你了，说你今天有段时间很认真地听她讲话，她让我转告你，谢谢你能认真地听她讲话！"

杨洋被妈妈说得不好意思了，不过他心里还是很高兴。

接下来的日子，妈妈一直在夸杨洋：

"杨洋，你听得很认真，这可是尊重别人的表现呀！"

"杨洋，你把他的优点学来了，说明你很会听啊！"

"这么一点小小的区别都被你找出来了，你的听力可真了不起！"

"儿子，你听出了他的不足，可真帮了他的大忙！"

……

就这样，这个杨洋真的变得特别会倾听他人了。

社会心理学家认为，受人赞扬、被人理解和尊重能使人感受到生活的动力和自身价值。从某种意义上说，人去拼搏，去努力取得成就，目的就是为了赢得他人和社会的赞许和重视。一个人的辛勤努力，长期得不到肯定，那就有可能失去继续努力的动力。所以在"倾听"的培养中，家长千万不要吝啬你的赞扬，要让孩子品尝到成功的喜悦，获得成功的满足感。例如，"你做得真好，我想一定是因为你刚才听清楚了妈妈的话"，或者告诉孩子"妈妈很高兴，你刚才听我讲话时，又安静又没有插嘴"，等等。及时地鼓励、表扬孩子好的倾听行为，有利于孩子养成好的倾听习惯。

有礼貌的孩子走到哪里都受欢迎

我国历来有"礼仪之邦"的美誉，礼貌待人是中华民族的传统美德，礼貌代表一个人的文明程度。尤其在当今社会，当你具备了很好的礼貌习惯，掌握了相应的礼貌知识后，你做事就很顺利，就能享受到生活的快乐和成功的喜悦；如果你没有很好的礼貌习惯，你就会被别人视为缺乏修养而排斥，甚至惹出不愉快的事情来，自己也得不到丝毫的好处。

周华老师是北京一所高校的教授，一天，他正在办公室里备课，有人敲门，他习惯性地说了声"请进"。抬头一看，是一位女生，但是他并不认识，他想也许是找别的老师的。但是那位女生四下看了看，并没有确认自己找谁，张口就说道："周华呢？"

这话一出口，大家都愣了一下，都往周华这里看，周华心里也很纳闷，在学校里这么多年，还没有谁直呼其名的。他脸色微微一变，但还是有礼貌地对她说："我就是，找我有什么事吗？"

那位女生大大咧咧地说："噢，你就是周华呀，我可早就听说过你了，我是某某教授的学生，我的论文你给我看一下！"

原来当时有规定，论文答辩时要请一个校外的专家来指导。这位女生是外校的学生，来找周华教授给自己批阅论文。

周华到底是有涵养的人，看到这个学生这么没有礼貌，并没有发火，只是随口说道："那你就放那里吧！"

这名女生就把自己的论文往他的桌子上一扔，说："你快点看呀！后天我们要论文答辩，你可别耽误我的事！"

周华再也无法忍受，说："请问你是找人办事还是下达命令呢？你的论文拿走，我没有时间给你看！"

其实，找人办事得像个找人办事的样子，要表现得谦卑有礼，别人才会愿意帮助你。有位名人说："生活中最重要的是有礼貌，它比最高的智慧、比一切学识都重要。"一个习惯于出言不逊的人，自然不会得到别人的喜欢。相反，一个有礼貌的人很容易就会被别人认可、接受，既可以给别人带来温暖，也会使自己变得十分愉快。

礼貌是拉近自己和他人距离的一座桥梁，懂礼貌的人容易让别人接受，成为一个受欢迎的人。心理学家认为，礼貌归根到底是习惯的问题。一个不懂礼貌的孩子很可能会成长为一个不懂礼貌的大人，而不懂礼貌会使他在社会竞争中处于劣势，在工作中很难获得同事的尊重和友好协作，在生活中也不易获得友谊和自信。同时，孩子的礼貌程度一定程度上也是体现着家庭的教育，所以让自己孩子学会懂礼貌是很重要的。

来看一位家长的叙述：

儿子小强今年8岁，成绩挺好，平时大家都夸奖他，我们也觉得脸上很有光。因为就这一个孩子，他又学习好，我们做父母的，肯定宁肯委屈自己也不会委屈孩子，在家里"最大、最红的苹果"都是他的。

虽然有时候也觉得孩子没礼貌，比如：乘电梯经常横冲直撞，不会说"谢谢"，见人不会主动打招呼，等等，不过又觉得这些都是小事，而且男孩子嘛，大大咧咧点没关系。

前几天带孩子参加一个正式晚宴，才发现儿子站没站相，坐没坐相！别人还没入席，他先一屁股坐到正中位，旁若无人地吆喝服务生要可乐，菜一上桌就伸筷子去夹，等到上龙虾这道菜时，因为是儿子爱吃的，他居然整盘端到自己面前，就像在家里一样。虽然大家都说"没关系，没关系"，我和他妈妈还是看到了别人鄙夷的目光，真是如坐针毡，难堪得要命，我这张脸被丢光了……

礼貌待人并不只是一种外表形式，而是沟通人们之间友好感情的一道桥梁。礼貌要从小培养，否则就会形成坏习惯，一旦形成坏习惯，再改就很难了。只要家长们从思想上认识到这个问题的重要性，并在生活中给孩子以正确的引导，就一定能够培养出讲文明、懂礼貌的孩子。

礼貌既是一种礼仪规范，也是社交技巧，更是人与人之间沟通的基础，培养孩子讲文明、懂礼貌就是要使他们学会亲切、和气、文雅、谦逊地说话和做事，正确有礼貌地称呼人，热情地招呼客人，正确地运用礼貌语言，能有礼貌地处理生活中的一些事……相对来说，懂礼貌的孩子更容易被大家接受，成为一个有教养、受欢迎的人。所以，家长要从小培养孩子懂礼貌的好习惯。

1.教孩子学会礼貌语言

教孩子学会礼貌语言，是培养孩子优良道德品质的重要内容。语言美能反映一个人的心灵美与高尚的情操。孩子年龄小，缺乏社会生活和交往的经验，不懂得什么是礼貌语言，也不会使用，家长要认真地教会他们。

广场上，一家公司在做促销活动，免费赠送的气球吸引着不少孩子。

"妈妈……"一个5岁左右的男孩拉拉妈妈的衣角，眼睛瞄向了气球。"好。妈妈给你要一个。"男孩心满意足地拿着气球到树荫下玩去了。另一个3岁多的女孩追着他看，尖叫声、欢笑声洒落一地。

气球爆炸了，两个孩子很沮丧。"妈妈……"小男孩喊。小男孩的妈妈看看烈日下的促销帐篷，对孩子说："要是还想玩，你去跟阿姨要一个吧。"小男孩蹦蹦跳跳着去了，气球在一个小塑料棒上插着，不小心就会掉下来。孩子一边小心翼翼地举着，一边开开心心地笑着。

妈妈一边擦着孩子额角的汗，一边问："你对阿姨说谢谢了吗？"

"谢谢！"孩子冲着远处喊。

"距离太远了，阿姨听不见啊！"

孩子又小心翼翼地举着气球走过去，就为了向阿姨说一声谢谢。

没多久，这个气球又爆了。小男孩看了妈妈一眼，又看看远处的促销帐篷，撒腿跑开了，当他又举着气球回来时，很有成就感："妈妈，这次我对阿姨说谢谢了。"

"这就对了。别人给了你东西或者给了你帮助，要说声谢谢！你要记着啊！以后不要再让妈妈提醒你，好不好？"

"好！"孩子回答。

礼貌教育不仅是一般意义上的教育，更是一种未来、一种人格的教育。孩提时期是行为习惯形成的重要时期，家长应抓住这一有利时机，及早把孩子培养成讲文明、懂礼貌、有教养的好孩子。

礼貌教育具体内容有：对父母、老师和其他年长者要称呼"您"；请求别人帮助时，要用商量的口吻说"请""劳驾"；当得到别人的帮助时，要说"谢谢"；当别人感谢时，要说"别客气"；当妨碍了别人或给别人带来麻烦时，要说"对不起""麻烦您了""请原谅"；当别人赔礼道歉时，要回答"没关系"或"不要紧"；在街头巷尾碰到同伴、长者，要说"您好"，而不能低头侧身装没看见；与别人分别时要说"再见"。

2.家长要以身作则

父母是孩子的第一任老师，我们经常会听到孩子们说："这是爸爸说的""妈妈就是这样做的"。可见孩子把父母当作自己最直接的学习榜样，父母的一言一行都会对孩子产生深刻影响。因此，父母要时时处处严格要求自己，用自己良好的行为习惯为孩子树立正确榜样。

周末，赵刚在自家院子里除草。12岁的儿子赵鹏看见后，关掉电视，来到院子里帮助父亲。由于是夏天，阳光火辣辣地照在大地上，一会儿，赵鹏的脸就被晒得通红，而且左手被月季花的刺扎出了血，但赵鹏毫不在意，仍然认真地帮助父亲拔除杂草。

赵刚见状，虽然心里很高兴，但他什么也没对赵鹏表示。赵鹏的妈妈见儿子在院子里被晒得满脸通红，便拿了一顶太阳帽出来，并替赵鹏戴在头上。

"赵鹏，你妈给你送太阳帽，还亲自替你戴上，你怎么连一声'谢谢'都不知道说呢？"赵刚转过身来教训儿子说。

"爸爸，您总是一再要求我对别人讲礼貌，要说'谢谢'，可是我在太阳底下帮您拔草已有两个小时了，您除了抱怨我干得不够好之外，对我说过一个'谢'字没有？"

"你……"赵刚夫妻怔在那里。

孩子有没有礼貌不是天生的，是后天培养出来的，而且孩子天生就喜欢模仿别人，所以父母在家里的时候要注意自己的言行举止，注意讲礼貌，给孩子树立一个好的榜样。

与伙伴分享，避免孩子走向自私

有这样一个小故事：

一棵树上，有只嘴里叼着一大块肉的乌鸦，它身边有许多闻肉味而来的乌鸦。乌鸦们一动不动地盯着叼着一大块肉的乌鸦，还有许多乌鸦正向这边飞来。

那只嘴里叼着肉的乌鸦早已很累了。它知道，自己不可能一下子就把这么一大块肉吞下去，更不可能把肉弄碎，好好地享受美味。

也许因为嘴里叼着东西呼吸困难，也许因为先前被大家追赶，它已经筋疲力尽。只见它摇晃了一下，叼着的肉突然失落了。所有的乌鸦都猛扑上去，在这场混战中，一只非常机灵的乌鸦抢到了那块肉，立即展翅飞走。其余的乌鸦紧随其后——第一只被追赶得筋疲力尽的乌鸦也在跟着飞，但已明显地落在大家后面了。

不久，第二只乌鸦也像第一只一样，丢落了那块肉。于是又是一场混战，所有的乌鸦又去追赶那个所谓的幸运儿……

也许我们认为这些乌鸦太可笑了，但却能从中得到启示：不懂得分享的乌鸦，最终会丢落了美味。

所谓分享，就是指个体与别人共同享受欢乐、幸福、好处等。它是与独占和争抢行为相对立的，不仅包括对物质和金钱等有形东西的分享，还包括对思想、情绪、情感等精神产品的分享，甚至还有对义务和责任的分担。

　　分享是一种美德，更是一种快乐。萧伯纳曾经说过："你有一个苹果，我有一个苹果，彼此交换，每个人只有一个苹果。你有一种思想，我有一种思想，彼此交换，每个人就有了两种思想。"分享能够让人减少痛苦，获得快乐。一个人在生活中需要与人分享自己的痛苦和快乐，没有分享，他的人生就是一种惩罚。所以说，分享是一种快乐的体验，这就是分享的力量。

　　然而，现在的孩子大多是独生子女，在家庭中拥有相对特殊的地位。从小在相对封闭的、受到严密保护的环境中成长，缺乏对他人的关心和尊重，无形中形成了自私、专横、独占等不良的情感。他们习惯了家长的呵护，往往以自我为中心，不知道如何去关心别人，体会不到与人分享的快乐。如果父母不及时加以纠正，孩子将会成为一个不愿与人分享、独占意识很强的人，那么将来他就很难拥有良好的人际关系。而不善于和别人合作，就注定要在激烈的社会竞争中被淘汰。所以，培养孩子从小与他人分享的意识很重要。

　　曾经有个男孩子对老师说："我不快乐！虽然我家有两个保姆、上百本图书和数不清的玩具。可是，我就是不快乐！"
　　于是老师就问他："你把这些书分给没有书的小伙伴看过吗？"
　　"没有。"
　　"那你把那些玩具分给别人玩过吗？"
　　"也没有。"
　　"你的压岁钱用来帮助过有困难的同学吗？"
　　"更没有了。"
　　"所以你不快乐！"老师这样对他说，"如果你能把这些东西拿出来和别的伙伴分享，快乐自然就会来到你的身边！"
　　这次谈话后，孩子了解到贫困地区有许多爱学习的孩子没钱买课外书时，他真的很吃惊，就和妈妈一起捐出一万块钱，要求为5所农村小学建立"手拉手"书屋。

几个月之后，男孩竟然收到了上百封农村孩子的来信，男孩的校长惊讶不已，以为这个男孩干了什么惊天动地的"大事"。

在这些信中，农村孩子对城市男孩表达了最朴实的感谢，说他们从来没有看到过那么多的书，还说那些书让他们产生了许许多多美丽的梦想，给他们带来了不曾有过的快乐，更说他们一定会好好读书……

男孩被感动了！他忽然觉得，自己是多么重要，自己的那些书是多么神奇！

慢慢地，男孩变得快乐了！他还和妈妈商量好，每年都要省下一些钱来捐书，送给山里的孩子。第二年，他又捐了1000册书……

分享是孩子获取快乐的途径。一个乐于分享的孩子，很自然地能够交到更多的朋友，更加受欢迎。孩子可以从分享中真切感受到分享带来的快乐，这对他们正确理解分享以及将来形成健全人格都具有十分重要的意义。

学会分享是孩子成长发展中的一个重要的里程碑。但孩子的分享行为并不是天生的，而是通过后天的教育和引导逐渐形成的。正因如此，在孩子的成长过程中，家长有义不容辞的责任培养孩子的分享品质。

1.引导孩子的分享行为

现实生活中，有很多孩子吃独食，不愿与他人分享，与父母的溺爱是密切相关的。很多父母出于对孩子的爱，把好吃的、好玩的全让给孩子，孩子偶尔想让父母分享，父母在感动之余，却常常说："我们不吃，你自己吃吧。"长此下去就强化了孩子的独享意识，他们理所当然把好吃的、好玩的据为己有。

悠悠最爱吃鸡翅。每当家里做鸡翅的时候，爷爷总是习惯性地把一盘鸡翅放在她的跟前。时间久了，悠悠就自认为那盘菜是为她一个人准备的，竟然把菜盘放到了自己的眼皮底下，并且不让别人动。

妈妈将这一切看在眼里，就假装对女儿说："那个菜肯定很难吃，是吧？"悠悠一听，着急了："不是的，很好吃。"

妈妈摇摇头说："我们都不相信啊。我们又没有吃，肯定是很难吃的。"

悠悠连忙把盘子推到大家面前，说："你们都尝尝看，很好吃的。"

看到全家人都吃了后，悠悠就问："很好吃是不是？"

这时候，妈妈就告诉女儿："好东西要大家一起分享，才能知道好吃还是不好吃，是不是？"

悠悠点了点头，主动把盘子端到每个人面前，让大家一起吃。

全家人都纷纷竖起拇指说："悠悠真是个懂事的孩子！"

后来，悠悠吃饭的时候，再也没有发生过把菜盘抢走的事情。

孩子的分享行为不是自发生成的，家长必须在日常生活中引导孩子怎样做。例如，吃东西时，有意识地引导孩子将食物分发给大人，告诉孩子好吃的要和大家分享，还可以尝试着让孩子把好的、大的先给别人吃，而大人在欣然接受孩子给的东西时，别忘了说"谢谢"，让孩子感受到真实的分享，同时也在无形中让孩子学习了礼貌待人。

2.让孩子明白分享不是失去是互利

妈妈给刘强买了一个变形金刚。第二天，刘强就把变形金刚带到幼儿园去玩，小朋友们都很羡慕，想让刘强把变形金刚借他们玩玩，可是刘强就是不肯，他把变形金刚抱在胸前，连上厕所都要带着。

下午，妈妈去幼儿园接刘强时，老师说刘强不肯与其他小朋友分享玩具。在回家的路上，妈妈开导儿子："听老师说你不肯把变形金刚借给同学玩，是吗？"刘强说："是啊，变形金刚是我的，我为什么要借给他们？如果我借给他们玩，万一他们不还给我怎么办？"

妈妈说："不会的，你如果把变形金刚借给同学们玩，他们玩几下就会还给你的，这样大家都体会到了玩变形金刚的乐趣，而且下次其他小朋友有好玩的玩具，他们也会借给你的，这样你才会受大家欢迎。"

通过妈妈一番耐心的解释，刘强终于明白了分享不是失去的道理。

　　许多孩子都不愿意与人分享自己的东西，但是，他却希望能够分享他人的东西。父母应该充分了解孩子希望获得他人东西的心理特征，通过移情训练，让孩子站在他人的角度去思考问题，引导孩子与他人分享自己的东西。同时，父母还应该让孩子体会到分享的快乐，使孩子明白分享并不等于失掉自己拥有的东西，从而让孩子自愿与他人分享，并且给孩子创造与人分享的机会。

　　当孩子在感受到真实的分享时，别忘了鼓励和夸奖，以巩固、强化孩子的良好行为。对孩子每个慷慨举动都要表扬，得到表扬后，孩子会更加投入。因此，在孩子有分享表现时，要多多进行肯定和鼓励。

　　3.给孩子分享的实践机会

　　一位妈妈在孩子的生日聚会上做了一个特别的安排，送每位在场同学一人一张孩子们共同偶像的最新歌曲专辑，现场顿时一片欢呼，这位聪明的妈妈意思是：每个好友一份，这样在孩子们念书累的时候可以听到同样的音乐，有同样的心情，这样孩子们的感情更加亲密。这位聪明的妈妈不但让孩子永远记住这个特别的聚会，更重要的是，她教导了孩子如何分享快乐。

　　在生活中，父母应该多为孩子创造、提供与同伴分享物品的机会，让孩子在实践中学会分享。家长可以利用节假日、过生日等机会，让孩子与同伴一起玩耍，并鼓励孩子拿出自己心爱的玩具，让他体验与别人一起玩自己的玩具的快乐。事后，父母可以告诉孩子玩得高兴的原因，在于和同伴一起分享了他的快乐。如果你愿意与别人分享你的快乐，以后你与同伴玩时，他们会乐意和你一起分享他们的快乐。

　　另外，父母也可以多创造孩子为家长服务的机会，如家里买了水果、糕点时，让孩子进行分配。教给他先分给爷爷奶奶等长辈，再分给爸爸妈妈，然后才分给自己。在这种分东西的过程当中，孩子不仅学会了与人分享，而且明白了应该尊敬长辈、关心父母。

如何提高孩子与人合作的能力

现代社会是一个讲究"双赢"的社会，人与人之间的合作是必不可少的。孩子进入社会后，在与人相处的过程中，最需要的其实就是合作能力。

合作是指两个或两个以上的人为了共同目标或者获得共同利益而自愿结合在一起，相互作用和配合，最终实现共同目标、满足个人利益的一种社会交往活动。

合作是一种能力，更是一种艺术。唯有善于与人合作，才能获得更大的力量，争取更大的成功。

有一家跨国大公司对外招聘3名高层管理人员，9名优秀应聘者经过初试、复试，从上百人中脱颖而出，闯进了由公司董事长亲自把关的面试。

董事长看过这九个人的详细资料和初试、复试成绩后，相当满意，但他又一时不能确定聘用哪3个人。于是，董事长给他们9个人出了最后一道题。董事长把这九个人随机分成A、B、C三组，指定A组的3个人去调查男性服装市场，B组的3个人去调查女性服装市场，C组的3个人去调查老年服装市场。董事长解释说："我们录取的人是用来开发市场的，所以，你们必须对市场有敏锐的观察力。让你们调查这些行业，是想看看大家对一个新行业的适应能力。每个小组的成员务必全力以赴。"临走的时候，董事长又补充道："为避免大家盲目展开调查，我已经叫秘书准备了一份相关行业的资料，走的时候自己到秘书那里去取。"

两天以后，每个人都把自己的市场分析报告递到了董事长那里。董事长看完后，站起身来，走向C组的3个人，分别与之一一握手，并祝贺道：

"恭喜3位，你们已经被录取了！"随后，董事长看看大家疑惑的表情，哈哈一笑说："请大家找出我叫秘书给你们的资料，互相看看。"

原来，每个人得到的资料都不一样，A组的3个人得到的分别是本市男性服装市场过去、现在和将来的分析，其他两组的也类似。董事长说："C组的人很聪明，互相借用了对方的资料，补齐了自己的分析报告。而A、B两组的人却分别行事，抛开队友，自己做自己的，形成的市场分析报告自然不够全面。其实我出这样一个题目，主要目的是考察一下大家的团队合作意识，看看大家是否善于在工作中合作。要知道，团队合作精神才是现代企业成功的保障！"

一个人的能力是有限的，不可能包打天下。即便你是一个非常优秀的人，如果离开了别人的配合，就无法把自己的事情做好。不要过于争强好胜，团结他人共同奋斗，你将获得真正的成功与快乐。

随着社会的发展，分工越来越细，许多工作都被分成好多工序，一个人不可能单独完成一件事情，要成功就需要几个人、十几个人甚至成百上千人的合作。因此，团结合作越来越重要。一个不懂得合作、认识不到团结重要性的人，即使他再聪明，也只能是一个"孤家寡人"。这种人不可能在将来有所作为，更不可能取得成功。

一个老国王有7个儿子，但他们总是不合，经常为了这样那样的小事争吵。一些奸臣企图挑拨七兄弟的关系，以便等到他们的父王死后可以夺取王位。

老国王知道了这个阴谋。临终前，善良的老国王把7个儿子都叫到跟前，指着放在他们面前捆在一起的七根木棍说："谁要能把这捆木棍折断，就能得到王位。"

每个人都想得到王位，都使出了全身的力气去折那捆木棍，脸憋得通红，但没有一个人能把那些木棍折断。

"孩子们，其实要折断这些木棍很简单，我现在老了，但是即使像我这样的人都能折断这些木棍。你们看！"老国王说着，将木棍捆儿打开，很轻松地将它们一根一根地折断了。

儿子们这才恍然大悟。"这样做太容易了，如果这样，每个人都能做到。"儿子们说。

他们的父亲这才说出了真正想说的话："我的孩子们，其实你们就像这些木棍，只要你们团结在一起，互相帮助，你们就会很强大，任何人都不能够伤害你们。但是如果你们分开，任何人能把你们一个一个地折断。我就像捆这些棍子的绳子，活着的时候还能把你们捆在一起，但是我就要离开你们了，离开了捆绑你们的绳子，你们还能团结在一起、互相帮助吗？"老国王语重心长地说。

儿子们终于明白了父王的良苦用心，7双手紧紧地握在了一起。看到儿子们这样团结，老国王放心地离开这个世界了。

著名的潜能大师安东尼·罗宾指出：没有合作，就没有成功。的确，在日常生活中，谁都不可能是一座孤岛，一个人要取得成功，必须学会与他人一道工作，并得到他人的合作。如果他要完成一件大事，那么也需要一支有效的、强大的队伍做后盾。在孩子的世界里，也同样如此。如果一个孩子不懂得与人合作，而是"唯我独尊""孤来独往"，那么，他的生活一定是单调的，他也是一个不受人欢迎的人，因为没有同龄人和他交朋友，没有同龄人和他一起玩游戏，一起讨论学习，一起去郊游，一起参加体育活动。

学会合作是孩子进入社会，成为未来主人应具备的基本技能，也是促进孩子社会化的一个基本途径，从小加强孩子群体性与社会性的教育，培养他们主动交往、协同合作的团体意识和与人沟通、和睦相处、共同生活的社会能力是时代发展的必然要求。欧洲著名的心理分析家A.阿德勒认为：假使一个儿童未曾学会合作之道，他必定会走向孤僻之途，并产生牢固的自卑情绪，严重影响他一生的发展。所以父母要多引导孩子，帮助孩子树立合作意识。

1.让孩子体会合作的重要性

让孩子认识到合作的重要性，有利于孩子养成一种协商合作的行为。家长必须在潜移默化中帮助孩子确立正确的合作意识，使他们懂得，每个人都是群体中的一员，是平等的，遇到矛盾或困难，只要大家齐心协力就一定能解决它、战胜它。有一位妈妈为了让孩子明白这样一个道理，就引导孩子做了这样一个游戏。

妈妈先让孩子伸出自己的小手，分别谈一谈每根手指头的优势和长处。孩子说："大拇指可以用来赞扬别人，可以按图钉；食指可以指东西，可以挠痒痒；中指最长，可以……"孩子的思维挺活跃，一口气说了不少，爷爷奶奶也在一边及时补充，可谓数尽每根手指的功能。

这个时候，妈妈笑眯眯地递给孩子一个她事先准备好的道具——一个装着一个小玻璃球的杯子。妈妈对孩子说："每个手指都有那么多功能，那么，现在你就用你认为最有本事的那根手指把玻璃球从杯子里取出来！记住，只能用一根手指。"

孩子按照妈妈的要求动起手来。可是，不论他怎么努力，玻璃球就是取不出来，急得小家伙抓耳挠腮。这时，妈妈不紧不慢地说："现在你可以邀请另外一根手指同原先的那一根合作。"于是问题迎刃而解。

这位妈妈的用意在于要使孩子懂得，无论一个人多么有才能，总是有所局限的，总有他无法独立完成的工作，因而合作是必要的。

2.教给孩子合作的技能

有这样一个寓言故事：

梭子鱼、虾和天鹅，想把一辆小车从大路上拖下来。三个家伙一起负起了沉重的担子，它们用足劲儿，身上青筋暴起，但是无论它们怎么拖呀拽呀，小车还是在老地方一点儿也没有移动。

这并不是因为小车太重，而是另有缘故：天鹅使劲往上向天空提升，虾一步一步向后倒退，梭子鱼又朝着池塘拉去。

这个寓言说明：只有具备一定的合作意识和技能，大家才能共同完成一件事或一个目标。

孩子年龄小，缺乏社会交往经验，很多孩子往往不知如何去合作，这就需要家长教给孩子合作的技能，指导孩子怎样去合作。比如，孩子在下棋时，往往都想赢，所以争吵、耍赖的情况时有发生，父母就可让孩子知道如何谦让，如何遵守规则，碰到问题怎样去商量等；如几个孩子在一起搭积木，就应该让孩子学会一起商量，分配工作；遇到矛盾时，就应尊重孩子让他们各自发表自己的看法，引导孩子比较"看法"，最后共同确定一个大家都比较满意的方法……通过这些具体的合作情境，通过一次次的交往，孩子就会从中体验到合作成功的快乐和满足，从而激发孩子进一步合作的兴趣和动机。

3.让孩子学会欣赏他人

在一次NBA决赛中，新秀皮彭获得33分，超过乔丹3分，成为公牛队比赛得分首次超过乔丹的球员。赛后，乔丹与皮彭紧紧拥抱着，两人泪光闪闪。

当年在公牛队时，皮彭是公牛队最有希望超越乔丹的新秀，他时常流露出一种对乔丹不屑一顾的神情，还经常说乔丹某些方面不如自己，自己一定会超越乔丹一类的话。但乔丹没有把皮彭当作潜在的威胁而排挤，反而对皮彭加以鼓励，给他增加信心。

有一次比赛结束后，乔丹问皮彭："我们的三分球谁投得好？"皮彭有点心不在焉地回答："你明知故问什么，当然是你。"因为那时乔丹的三分球成功率是28.6%，而皮彭是26.4%。但乔丹微笑着纠正："不，是你！你投三分球的动作规范、自然，很有天赋，以后一定会投得更好，而我投三分球还有很多弱点。并且，我扣篮多用右手，习惯地要用左手帮一下，而你，左右都行。"

这一细节连皮彭自己都不知道，他深深地被乔丹的这种无私的欣赏所感动。从此以后，皮彭和乔丹成了最好的朋友，皮彭也成了公牛队17场比赛得分首次超过乔丹的球员。而乔丹这种欣赏队友的品质则为公牛队注入了难以击破的凝聚力，从而使公牛队创造了一个又一个的神话。

合作就是取他人之长，补自己之短，是双方长处的融合，也是双方短处的相互弥补。只有能够真诚地欣赏他人的长处，才能从内心深处真正愿意接受别人。只有相互认识到对方的长处，欣赏对方的长处，合作才会有真正的动力和基础。因此，父母要经常给孩子灌输这样一种思想：任何人都有自己的长处，任何人都要学会真诚地欣赏他人。当他认识到每个人都有缺点、也都有优点时，他的心态就比较平和，不会刻意地挑别人的毛病，也不会拒不接受别人对自己的批评。

父母可以通过故事并结合自己的言行让孩子逐渐地明白每个人都各有所长，各有所短。比如，一本好的书就是作者、画家和设计师通力合作之后的结晶。让孩子明白，不要嫉妒或是轻视别人的长处，也不要对自己失去信心，而是善于将彼此的长处互相利用，从而达到共同的目标，实现双赢。

帮孩子改掉任性妄为的恶习

所谓任性，就是任着自己主观的性情和喜好去做事，或对个人的需求和愿望毫不克制，全然不理会他人的感受。

任性是孩子的弱点，也是孩子不听话的一种表现形式，例如，有的孩子从幼儿园或学校回来，一刻不停地在屋里又蹦又跳，一会儿窜到沙发上，一会儿又爬到床上，屋里被弄得凌乱不堪，他自己也浑身大汗，满脸通红；有的孩子看电视时，总爱把音量放得大大的，家里人简直无法谈话、学习和休息，谁要说他几句，他就大吵大闹，不管地上是水是泥，躺在地上又哭又叫；有的孩子常发"人来疯",客人来了,喜欢拿着东西乱扔,一会儿投个布娃娃,一会儿又抛个小枕头,甚至能把一只拖鞋踢进一盆香喷喷的鸡汤里……孩子的任性,的确很常见,但并非天生,主要是由于教育不当引起的。

小强是一个5岁的小男孩,一直被家人呵护在掌心。这天,小强和妈妈路过商城的玩具柜台,小强看上了一个"奥特曼",他立刻抱在怀里非要妈妈买给自己。因为家里已经有好几个"奥特曼"了,这个只是颜色不同而已,妈妈觉得没有买的必要。然而,小强却怎么也不肯走,他大声叫喊着:"我就要!不给我买的话就是坏妈妈!"妈妈拽着小强的胳膊想把他拉走,但小强却使劲朝反方向用力,最后干脆就势倒在了地上,又哭又闹起来。妈妈虽然心中满是恼怒,但架不住小强的折腾,忙把售货员叫过来开票,最终买下了"奥特曼"。此时,小强一骨碌从地上爬起来,抱着"奥特曼"欢快地向前跑去,妈妈无奈地叹了口气,一路小跑地跟在小强身后。

看了这个例子,相信很多父母都会有与此相同的经历。孩子的哭闹有时候就是一种要挟父母的手段,一旦父母放任孩子的这种行为,他们就会在头脑里形成一种信息,告诉自己,这样做爸爸妈妈就会妥协,这样一来每当自己没有如愿的时候,就会用这种手段完成自己的心愿。

法国教育家卢梭在《爱弥儿》一书中问家长:"你知道用什么办法准能使你的孩子得到痛苦吗?这个办法就是:百依百顺。"想要什么马上就能有什么,会使孩子变得越来越任性,越来越贪心。而一旦离开家庭走入社会,那种任性、暴躁、急功近利的性格一定会令他们饱受挫折和打击。

一位母亲面对镜头,声泪俱下地诉说着女儿离家出走的经过,她希望能通过电视媒体找到至今不知去向的女儿。她说:"不久前的一个周末的晚上,吃完晚饭后女儿提出要去邻居家串门,我说你得先把作业写好了再去。女儿很不乐意,我就多说了她两句。我说你都快升初中了,还这么贪玩儿。女儿根本听不进去，气冲冲地一甩门就出去了。当时我也很生气，觉得这孩子也太任性了，就没有马上追出去拉她回家。大约过了5分钟，我感到心里不踏实，就出去找她。可是，哪想到就这么短短的几分钟时间，女儿就没有踪影了。我们找遍了整个城市，还向派出所报了案。差不多已经过了一个月了，女儿仍然音信皆无。我们也不知道女儿这些日子是怎么过的，也不知道女儿现在是死是活。她走的时候身上一分钱也没有……"

说到这里，这位母亲情不自禁，泣不成声。孩子哪里能想到，只因为自己的任性，让父母亲经受了这么多痛苦的煎熬。

造成孩子任性的弱点主要有三种：第一，模仿别人的结果。在家庭里或亲友当中有人任性，孩子曾不止一次亲眼看到任性的表现，而且可能得到了不错的结果。于是孩子就会模仿，学着表现任性。如果父母任何一方有明显的任性行为，都会直接影响孩子。第二，家长迁就的结果。有些孩子任性，是家长惯出来的毛病。孩子小的时候，常常有不合理的要求，家长觉得孩子小，不懂事，就迁就他，几次下来，孩子形成了心理和行为定式。第三，家长对孩子过度严厉或不尊重孩子的结果。有的家长对孩子要求过于苛刻，孩子难以达到，产生逆反心理和抵抗行为，久而久之，变得任性。

孩子任性导致的不听话，的确是父母所面临的一道棘手的难题。当前，中国的大多数家庭只有一个孩子，因为过多的关爱，大多数孩子都非常任性。我们经常听见一些父母这样抱怨："我家孩子只要有一点点不合他的心意，他就哭吵个没完，脾气比谁都大。他认准要做的事，谁劝说都没有用。这样发展下去怎么了得？"

作为父母，一味地顺从孩子纵容孩子，孩子会以为父母会满足他所有的要求，孩子会变得为所欲为，十分任性。而且，在过分溺爱中长大的孩子，会以自我为中心，自私、无理，不懂得如何与别人合作。因此，作为父母，一定要注意不要纵容孩子。

心理学家指出，任性是个性偏执、意志薄弱和缺乏自我约束能力的表现。

孩子的任性心理得不到纠正的话，会妨碍其心理健康和心理的正常发展。因为任性会导致无法正确认识和判断事物，个性固执不明事理，不善与人交往，难以适应环境，就会经不起生活的考验与挫折，这对孩子的健康成长极其不利，严重的还会由于冲动而犯罪。

孔子说："少年若天性，习惯如自然。"越大的孩子越难教育，因此，父母一定要从小培养孩子的良好性格，克服孩子任性的品性。对孩子绝不能要什么给什么，百依百顺，这不是爱孩子，而是在害孩子。

1.不要什么事都满足孩子的要求

生活中，一些家长会对孩子"有求必应"，什么事情都答应孩子，满足孩子的所有要求，形成了孩子要什么有什么的心理，变得任性妄为。其实很多时候，这样盲目地、没有筛选地满足孩子的要求，对孩子的成长是会产生阻力的。如果家长真的爱孩子，就要做到：对孩子正常的要求，该满足就满足；而对无理取闹的要求，该拒绝就拒绝。

2.用其他物品转移注意

孩子任性时，父母可以利用孩子注意力易分散、易被新鲜的物品吸引的心理特点，把孩子的注意力从他坚持的事情转移到其他新奇、有趣的物品或事情上。例如，孩子进入超市，吵着要买糖果，看见气球，又闹着要气球，此时，父母可设法让孩子去观察某一事物，使他忘掉刚才哭喊着要的糖果、气球。

3.冷漠处理，不要理睬他

当孩子由于要求没有得到满足而发脾气或打滚撒泼时，父母不要去理睬他，不要在孩子面前表露出心疼、怜悯或迁就，更不能和他讨价还价。要采取躲避的方法，暂时离开他。当无人理睬时，孩子自己会感到无趣而做出让步。这种"冷处理"的方法往往比较有效。

4. 耐心劝导

当孩子提出一些非分的要求时，如果家长置之不理仍然不能让孩子善罢甘休，适当的时候家长可以进行耐心的说服教育。简洁地对孩子讲道理，让孩子明白为什么爸爸妈妈不能答应孩子提出的要求。但是，千万不能向孩子妥协。因为有了第一次的妥协，就必定会有第二次的妥协。久而久之，孩子就会越发任性。

5.适当惩罚

对于年龄小的孩子，只靠正面教育是不够的，适当惩罚也是一种极为有效的教育手段。例如，孩子任性不好好吃饭，父母不用多费唇舌，过了吃饭时间就把食物全部收走，一会儿他饿了要东西吃的时候可以适时教育他这就是不好好吃饭的结果。你不用担心饿坏孩子，一顿两顿不吃对孩子的生长发育不会有影响。

6.提出要求，养成良好习惯

要让孩子明白，什么事该做，什么事不该做，并鼓励他坚持执行。不能总跟孩子说："就今天这一次啦""下不为例啦"。对孩子超越行为界限的事，决不能迁就，否则，只会娇惯孩子，助长孩子的任性毛病，以后难以改正。还须注意的是：父母意见必须一致。

7.拒绝娇惯行为

孩子是父母的"命根子"，在社会家庭生活中，父母的保护关怀使孩子不断成长，但过分的娇惯也会导致孩子不能健康地成长。如孩子任性时，在必要的惩罚中，父亲打孩子一下，母亲不干，护着孩子；母亲打了一下孩子，父亲反过来又向着孩子一边。一来二往，不仅增强了孩子任性心理滋长，而且父母亲的行为在孩子眼中，乃至心中会失去权威性。这种方式无助于孩子的成长，也不可能改变孩子任性的毛病。

第七章
改变心态：
战胜弱点，
自控力由"心"而来

克服悲观，乐观地面对生活

科学家研究发现，如果一个人常常处于悲观的情绪之中，那么他在抱怨的时候神经细胞会不断分泌出让身体老化的神经化学元素，我们甚至可以说当一个人长期处于悲观和愤怒的状态时，那么无疑是在慢性自杀。

我国著名作家、哲学家周国平曾经说过这样一段话："悲观主义是一条绝路，冥思苦想人生的虚无，想一辈子也还是那么一回事，绝不会有柳暗花明的一天，反而窒息了生命的乐趣。不如把这个虚无放到括号里，集中精力做好人生的正面文章。既然只有一个人生，世人心目中值得向往的东西，无论成功还是幸福，今生得不到，就永无得到的希望了，何不以紧迫的心情和执着的努力，把这一切追到手再说？"

的确，悲观的心态会摧毁人们的信心，使希望泯灭；悲观的心态就像一剂慢性毒药，吃后会让人意志消沉，失去前进的动力。所以，习惯于悲观看世界的人，要学会积极的自我暗示，引导自己发现生活中的美好。一个人只有拥有了乐观的人生态度，才能凡事往好处想，才能于困境中找到机遇和希望，才能有战胜各种困难的勇气和决心，赢得人生和事业的成功！

英国有一个天性乐观的人，从不拜神，令神非常生气，认为神的权威受到了挑战。

他死后，为了惩罚他，神便把他关在很热的房间里。七天后，神去看望这位乐观的人，看见他非常开心。神便问："身处如此闷热的房间七天，难道你一点儿也不辛苦？"乐观的人说："待在这间房子里，我便想起在公园里晒太阳，当然十分开心啦！（英国一年到头难得有好天气，一旦晴天，人们都喜欢去公园晒太阳。）"

神不开心，便把这位快乐的人关在一间寒冷的房子里。七天过去了，神看到这位快乐的人依然很开心，便问他："这次你为什么开心呢？"这位快乐的人回答说："待在这寒冷的房间，便让我联想起圣诞节快到了，又要放假了，还要收很多圣诞礼物，能不开心吗？"

神不开心，便把他关在一间既阴暗又潮湿的房里。七天又过去了，这位快乐的人仍然很高兴，这时神有点困惑不解，便说："这次你能说出一个让我信服的理由，我便不为难你。"这位快乐的人说："我是一个足球迷，但我喜欢的足球队很少有机会赢，有一次赢了，当时就是这样的天气。所以每遇到这样的天气，我都会高兴，因为这会让我联想起我喜欢的足球队赢了。"

最后，神无话可说，只得给了这位快乐的人自由。

一个人拥有乐观的态度，即便身处逆境，也总能找到快乐的理由。有一位智者说过："生性乐观的人，懂得在逆境中找到光明；生性悲观的人，却常因愚蠢的叹气，而把光明给吹熄了。当你懂得生活的乐趣，就能享受生命带来的喜悦。"从某种意义上说，真正聪明的人，并不在于他能解决多少问题，而是能保持积极乐观的心态。拥有正确的人生态度，就能多几分从容。

积极乐观是一种心理状态，也是一种性格品质，它对孩子未来的人生发展具有重要作用。调查显示，积极乐观的人不仅较为健康，而且婚姻生活较为幸福，事业上也较易获得成功。

美国有一对兄弟，一个出奇乐观，一个却非常悲观。

有一天，他们的父母希望兄弟俩的性格都能改变一些。于是，他们把那个乐观的孩子锁进了一间堆满马粪的屋子里，把悲观的孩子锁进了一间放满漂亮玩具的屋子里。

一个小时后，他们的父母走进悲观孩子的屋子时，发现他坐在一个角落里，一把鼻涕一把眼泪地在哭泣。原来，他不小心弄坏了玩具，怕父母会责骂自己。

当父母走进乐观孩子的屋子时，却发现孩子正在兴奋地用一把小铲子挖着马粪，把散乱的马粪铲得干干净净。看到父母来了，乐观的孩子高兴地叫道："爸爸，这里有这么多马粪，附近肯定会有一匹漂亮的小马，我要给它清理出一块干净的地方来！"

这个乐观的孩子就是后来的美国总统里根。他从报童到好莱坞明星，再到州长，直至当上了美国总统，这中间，积极乐观的性格起到了很大的作用。

可见，积极乐观的心态对孩子的一生有着重要的影响，因为这种心态总是与乐观、自信、成功联系在一起。一个心态积极乐观的孩子，善于看到事物中积极有利、乐观向上的一面，在平时的学习生活及人际交往中能够建立起良好的关系；而且，心态积极的孩子常能心存光明远景，对未来有美好的期待，即使身处逆境，也能凭借乐观的心态、坚定的信念和顽强的毅力战胜困难，走出逆境。孩子正处在身体和心理的发展时期，在这个过程中，家长应重视培养孩子乐观向上的人格、豁达宽广的积极人生态度。

乐观是孩子对未来充满信心和希望而又不断进取的个性特征。也许有些孩子天生就比较乐观，有些孩子则相反。但心理学家发现乐观思想是可以培养的，即使孩子天生不具备乐观品质，也可以通过后天的努力来拥有。

当然，积极乐观的态度的形成并非一日之功，需要在生活中的细微处点滴地积累和培养，当孩子能把困难和痛苦看作是一种成长的快乐时，那也将是父母最大的快乐。

1.用乐观的态度感染孩子

调查显示，约有85%的悲观者，其父母至少有一方的生活态度是悲观消极的。因此，父母想帮助孩子树立积极乐观的人生态度，就要用自身的乐观态度去感染孩子。

"太阳总会出来的",这是一位父亲最喜欢说的话。

一次,儿子回到家中,一声不吭地跑到房间里。父亲微笑着说:"你是不是遇到什么不顺心的事了?其实,人生总会遇到困难,但是它总会过去的,悲伤难过丝毫不起作用。别去想了,好好努力,明天太阳又出来了。"

后来,无论情况有多么糟糕,只要一想到爸爸的话,儿子就总能充满斗志地迎接一个又一个的挑战。

孩子是家长的一面"镜子",家长的个性、言行等,往往会在孩子身上得以重现,一个整日唉声叹气的家长,通常会培养出悲观消极的孩子,而一个乐观的家长,往往会培养出同样乐观积极的孩子。英国教育家斯宾塞说:"孩子很容易受到家长的影响,如果他感受到了你的积极,他会慢慢获得一种美好的人生感觉,信心倍增,人生目标感也越来越强烈。"因此,父母要善于用乐观的态度和信心影响孩子,并向孩子传递一种积极的人生信念。

2.对孩子进行希望教育

一个孩子与父亲来到一个小农场。孩子在玩耍时,突然发现几棵无花果树中有一棵已经死了。它的树皮已经剥落,枝干也不再是暗青色,而是完全枯黄了。孩子伸手碰了一下,只听"吧嗒"一声,枝干折断了。

孩子对爸爸说:"爸爸,那棵树早就死了,把它砍了吧!我们再种一棵。"可是爸爸阻止了他。他说:"孩子,也许它的确是不行了。但是,它还有希望,冬天过去之后它可能还会萌芽抽枝的——它正在养精蓄锐呢!记住,孩子,有希望就有生机。"

果然不出父亲所料,第二年的春天,那棵好像已经死去的无花果树居然真的重新萌生了新芽,和其他树一样在春天里展露出生机。其实,这棵树死去的只是几根枝杈,到了春天,整棵树枝繁叶茂,绿荫怡人,和其他的树没什么差别。

昔日的那个孩子后来成了一名小学教师。在他20多年的教学生涯中,他不止一次地遇到类似的情形。比如，小时候背起字母来结结巴巴的皮埃尔，现在竟然成了一位小有名气的律师；当年那位最淘气、成绩差得一塌糊涂的巴斯克，成了大学的优等生，毕业后自己创办了一家大型公司。

然而，最不可思议的还是他的儿子布朗。儿子幼时不幸患了小儿麻痹症，几乎成了废人。可是小学教师记住了爸爸的话，要儿子永远不放弃希望，一直鼓励他不要灰心丧气。现在，布朗已经顺利地完成了大学课程，担任了公共图书馆的管理员。要知道，布朗只有左手的3个手指能动弹，就是扶一扶眼镜也非常困难！

"有希望就有生机"这句话，一直鼓舞着当年的那个小男孩，每每遇到让他沮丧伤怀的事，他都靠这句话顺利渡过了家庭和事业上的一个又一个危机。只要不轻易放弃，任何事情都会有转机。

乐观的孩子往往对未来充满了希望，悲观的孩子则往往觉得没有希望。因此，父母要对孩子进行希望教育。希望教育是一项细致的工程，需要父母及时地感受到孩子的沮丧和忧愁，帮助孩子驱散心中的阴影。平时，父母要多引导孩子看到自己的进步和成绩，鼓励孩子想象自己的美好未来，让孩子对自己的未来充满希望。只要孩子对未来充满了希望，孩子必定会以乐观的心态去面对生活中的事情。

3.引导孩子宣泄不良情绪

孩子在生活中碰上不满的事情之后，父母千万不要让他们由此产生的负面情绪憋在心里，这很不利于孩子心理的健康发育。当孩子感到悲伤失望时父母要给孩子以安慰，让他把自己的不满和委屈都讲出来，学会正确地运用心理疏导方式及时地走出不良情绪的困扰。

6岁的乐乐已经上幼儿园大班了。一天，妈妈从幼儿园接乐乐回来时，就发现乐乐有点闷闷不乐。

妈妈问道："乐乐，今天幼儿园有什么高兴的事呀？"

"今天一点都不好玩。"乐乐不高兴地回答。

"为什么呀？出了什么事吗？"妈妈问道。

"今天幼儿园来了一个新同学，他很会说话，老给同学讲搞笑的事情，同学们都不理我了！"原来，乐乐今天在幼儿园受到冷落了。

"那不是很有意思吗？以后，你每天都可以跟这样一个会说笑话的人玩了，你不高兴吗？"妈妈引导乐乐。

"可是，同学们都不理我了呀！"乐乐有些着急了。

"只要你和同学们一样与那位新同学一起玩，你们不是都可以玩得很开心吗？其他同学还是会跟你一起玩的呀！是不是？"妈妈问道。

"嗯，好像是。"显然，乐乐同意了妈妈的看法。一路上，乐乐又恢复了往常的快乐。

　　每个孩子都会碰到不顺心的事情，即使天性乐观的孩子也不例外。当孩子遇到困境时，父母要多多留心孩子的情绪变化，如果孩子闷闷不乐，父母就要抽时间和孩子交谈，指导孩子排除心理障碍，使悲观情绪、不良情感及时得到化解。

无论做什么事，都不要苛求完美

　　不能容忍美丽的事物有所缺憾，是人的一种普遍心态。对许多人来说，追求尽善尽美是理所当然的。他们从未想过，正是这种似乎无关紧要的态度，令自己非常疲惫，也给生活带来了无尽的烦恼和压力。

　　印度佛教的《百喻经》中，有这样一个故事：

　　从前有一个中年男士，他事事要求完美，简直到了疯狂的地步。他娶了一位他认为很完美的妻子，不但是长得楚楚动人而且是富贵家的千金，可以说"财貌双全"。这位男士每当有社会活动的场面，都带着妻子去参加，很多人都十分羡慕，有的甚至是嫉妒。有一天，他的一位朋友对他说："你妻子虽然很漂亮，但是还不够完美，鼻子歪了一点。"这位男士听了以后，非常的难过，他回到家里，有事没事就看他妻子的鼻子，越看就越觉得难看，他心里想：为什么差这一点点？

最后，他终于忍不住了，决心给自己的妻子换一个完美的鼻子。于是他就各处去寻找，功夫不负有心人，终于寻找到一位鼻子很完美的女人。他跟踪这个女人，趁她没有注意的时候，突然拿出刀将其鼻子割下来，飞快地跑到家里。看到妻子后，他又迫不及待地用刀将自己妻子的鼻子也割下来，打算换上那美丽的鼻子。当他准备安上去的时候，他发现任凭怎样安也安不上去。结果两个人的鼻子都被割掉了，两个人都没有鼻子，变成两个丑妇，害人害己，这就是傻瓜人做傻瓜事的结果。

俗话说："金无足赤，人无完人。"人生确实有许多不完美之处，每个人都会有这样或那样的缺憾，真正完美的人是不存在的。虽然我们都想追求完美，但无人能做到真正的完美。完美只是人们给自己戴上的一个"金箍"，然后自己念着"紧箍咒"来折磨自己。

19世纪法国诗人穆塞特曾写下这样的话："完美根本就不存在，了解这句话的人就等于了解人性智能的极致，期待拥有完美者是人类最疯狂最危险之举。"世上任何事情都不可能十全十美，人也不可能完美无缺，如果一味地追求完美，那么最终会作茧自缚。

琪琪是一个小学4年级的孩子，她学习非常认真刻苦，成绩也很好，老师也非常喜欢她。琪琪为了不辜负老师的喜爱，各方面也都积极努力地做到最好。比如，写生字时，如果有一个字她觉得没写好，便会用橡皮擦了再写，倘若感觉依然还是不好，就继续擦继续写。如果还是觉得不行，她甚至会撕掉这一页，将所有的生字再誊抄一遍。她甚至给自己辩解道：

"老师都喜欢这样完美的，我必须要达到老师的标准。"

可是如此一来，琪琪每次写作业的时间都会很长，原本半小时的作业，她经常能写两个多小时。妈妈有时候不得不说她："已经写得很好了。"可她却不听，非要按照自己想的去做，母女二人经常为此争论。

琪琪这就是在走极端，为了追求完美而不停地重复，这样她自然会浪费许多时间，变得拖拉起来。一般这类孩子无论是对待自己还是别人都高标准、严要求，力争尽善尽美，属于具有完美主义倾向的人。英国首相丘吉尔有句名言："完美主义=瘫痪"，很精辟地阐明了完美主义者的害处。

为何孩子会过分追求完美？心理学认为：一是源自童年的某种深刻自卑，通过追求完美来改变自我；二是优越感会导致完美主义；三是父母严格苛刻的教育会使孩子有完美主义倾向。

具有完美主义倾向的孩子虽然优秀，但是他们越优秀自我设定的标准也就越高，甚至不允许自己犯错误，显然这是不切合实际的。另外，这类孩子的抗挫折能力较一般孩子弱，他们一旦遭遇失败，极易出现自卑、自责情绪，久而久之，会出现负性情绪。如果不及时矫正，轻则学习效率下降，重则可能还会发展为完美主义人格障碍以及忧郁症、焦虑症等多种心理疾病。因此，家长应帮助孩子改掉苛求完美的习惯。

1.告诉孩子，世上没有完美可言

有一个圆，因为缺了一角，所以很不快乐。他决定动身去找寻残缺的一角，他一路向前滚动，一路忍受日晒，经受寒冷，被冰雪冻僵，又被太阳温暖。由于缺了一角，他滚动得不是很快。他有时候会停下来和小鸟说说话，或者闻闻花的芳香，或者跟蝴蝶一起跳舞；有时候他超甲虫的车，有时候甲虫超他的车。

终于有一天，找到了最为合适自己的一角。他把一角装上，成了一个完美的圆。因为不再缺少什么，他越滚越快，快得停不下来和小虫说说话，停不下来闻闻花香，停不下来和蝴蝶嬉戏。忽然，他开始明白：不完美也是一种美。于是他停下来，把刚找回不久的一角轻轻放下，从容地走开，又开始自己的寻找之旅，但此去他寻找的并非是自己失落的一角，而是一路的欢歌与笑语。

就像故事里残缺的圆一样，每一个人也都不是完美的。但也正是因为这份不完美，才使我们有了认识、学习、体验与成长的机会，才使得我们的人生如此丰富多彩。生活中，家长可以通过看电视、讲故事（包括讲述家长自身的经历）等方式，让孩子知道，每个人都会有缺点和不足，引导孩子学会接纳自己、包容他人。

2.家长要放弃追求完美

现实生活中，我们许多父母会走进这样的误区，在教育子女时总是对孩子要求这、要求那，力求把孩子打造成一个绝对的"完美"。

对孩子严格要求是好的，但不能陷入苛求。过于追求完美的父母，只会给孩子带来巨大的心理压力。

一位母亲对女儿要求极高，从小进行全方位培养，学习能力、社会能力、领导能力等各方面出类拔萃，堪称佼佼者，她想把女儿打造成完美的人才。忽然有一天，优秀的女儿却离家出走自此失踪，只因为其不堪压力。

要求孩子做得更好，甚至做到完美，这是许多家长的共同心理，但是你可知道，孩子的能力是有限的，孩子需要的不是完美，而是不断进步。所谓成长，就是完善自己的不完美之处。如果你不能接纳孩子的不完美，你就是不接纳孩子的成长。所以，家长要纠正孩子的完美主义倾向，应该从自身开始自查自纠，改变家庭教育理念，调整心态，降低对孩子的标准，不要管教过严、事事高标准严要求，以免导致孩子过于苛求自己，产生强迫的倾向。家长对孩子一点小的成功就给予充分的鼓励与肯定，能够缓解孩子给自己施加的压力。

3.建立孩子的自信心

帮助孩子建立自信，重新树立评价自己的标准，改掉原来那种完美的、苛刻的、倾向于十全十美的标准，树立一种合理的、宽容的、注重自我肯定和鼓励的标准，学习多赞美自己，坦然愉悦地接受别人的赞扬并表示感谢。

控制自卑，自信不请自来

什么是自卑？简而言之，就是觉得自己不如别人，对自己的能力评价偏低，常有抑郁、忧伤、胆怯、失望、害羞、不安和内疚等表现。有的人因为学习成绩差产生自卑，有的人因为自己形象不够好产生自卑，有的人因为自己的家庭条件不好，衣着不如别人时髦产生自卑，有的人甚至连自己脸上的痤疮也成为自卑的原因。自卑是主观的感受，容易产生自卑的人往往好与别人比高低，有很强烈的争强好胜之心，急切地希望一切都超过别人，梦想一鸣惊人，虚荣心较强，容易为一时的成功而骄傲，也为一时的失败而灰心丧气。

一个初二的女生这样说道：

我是一个性格内向相貌普通的女孩，不太愿意向别人吐露心声，所以和别的同学也很少交流，可能班上的同学都很少注意到我的存在。但其实我的心里也有很多苦恼，平凡而普通，我感到十分的自卑。

在班里，我不是一个出众的学生，有的任课老师竟然叫不出我的名字。我太平凡了，不，应该说我太不出色了。虽然每天我也像其他同学一样上学、放学，可我总感到自己是在做那些学习好的同学的陪读。有朝一日他们都考上大学了，我的历史使命也就完成了。每天浑浑噩噩地生活，我不知道自己的人生方向在哪里。我现在的生活很消极也很乏味，我觉得这样不好，但是我能怎么做呢？

　　显然，上例中的女孩被自卑所困扰。自卑是一种人格上的缺陷，一种失去平衡的行为状态。自卑使人变得十分敏感，经不起任何刺激。一个人如果被自卑心理所笼罩，其身心发展及交往能力将受到严重的束缚，聪明才智也得不到正常的发挥。这对于个人的成长是十分不利的。

　　自卑性格的形成往往源于儿童时代。一个人小的时候，正是性格和信念发展的重要时期，也是一个人学习功课、掌握本领的重要时期，此时如果产生了自卑感，不相信自己有能力去改变世界，整日用一种消极和自卑的情绪去生活，那么他们的自我暗示就会接收这种缺乏信心的精神，从此一蹶不振，引发出人际关系障碍和许多行为上的困扰，妨碍学习、生活和人际交往的正常进行。这对于孩子的成长是十分不利的。

　　　有一个女孩曾写过这样一篇日记：
　　我不漂亮，没有让人眼前一亮的气质，原本这一切并不重要，因为我并没有意识到这一切，我很快乐地享受着父母给我的关爱。
　　后来我出远门，见到了许久未联系的哥哥，我很快乐，因为每个女孩都有一个哥哥情结，渴望被人永远地呵护。
　　有一天，哥哥的朋友把我误认为是哥哥的女朋友，哥哥说了句：我女朋友会这么丑吗？
　　我惊诧了，忽然才意识到，我不是一个漂亮女生，虽然后来哥哥解释说：刚才那句话是反话。可我有一种受伤的感觉，虽然当时的感觉并不强烈，可这件事我至今还记得。
　　大概又过了几年吧，我又一次和哥哥相逢了。我们一起去爬山，哥哥很想放声高歌，哥哥让我唱，我犹豫了，因为自己五音不全，我笑着拒绝了，我让哥哥唱，哥哥忽然说：前面要是有个美女就好了。
　　我又一次惊诧了。此时的我已长大，而且在学校，同学的言语早已让我明白：我不是漂亮女孩。可哥哥的话还是让我很受伤。我不止一次地在心中呐喊：我为什么这么丑？

又是几年过去了，我又一次到了哥哥所在的那座城市，此时我犹豫了，我真的一点儿自信也没了，虽然很想去见哥哥，可我真的不愿意再受伤了。

上面的例子，虽然不普遍，但在一部分孩子身上存在。这类孩子往往比较自卑，常常以消极的态度评价自己，认为自己不如别人。如果这种自卑心理得不到及时纠正和关注，会形成孩子的心理障碍，影响孩子的健康成长。因此，父母应关注自己的孩子有没有自卑心理，一旦发现，须尽早帮助其克服和纠正，以免形成自卑性格。

1.让孩子客观认识自己

一个人要对自己的品质、性格、才智等各方面有一个明确的了解，方可在生活中获得较为满意的结果。父母要帮助自卑的孩子发现他的长处，肯定他的成绩，并且让优点长处进一步放大。因为一个人只有客观地评价自己和他人，与他们进行正确的社会比较，才有助于肯定自己，才可能克服自卑感。

美国总统罗斯福是个有缺陷的人。他小时候是一个脆弱胆小的学生，在课堂里总显露出一种惊惧的表情。他有哮喘病，呼吸就好像喘大气一样。如果被叫起来背诵课文，他会立即双腿发抖，嘴唇也颤动不已，开起口来含含糊糊、吞吞吐吐，然后颓然地坐下来。由于牙齿有点外露，加上难堪，他一脸灰色。

像他这样一个小孩，自我的感觉一定很敏感，常常容易拒绝参加同学间的任何活动，不喜欢交朋友。他是一个自卑心理很重的人！然而，罗斯福的父母却通过鼓励和其他一些积极的教育方法，使罗斯福树立起了很强的奋斗的精神——一种任何人都可具备的奋斗精神。

他爸爸对他说："罗斯福，你有着别人所没有的特点，你将成为一个伟大的人！所以，你没有必要为别人的嘲笑而减低勇气。你要用坚强的意志去努力奋斗。你一定会成功的。"从此以后，罗斯福开始坚信自己是勇敢、强壮或好看的。他用行动和坚信自己可以克服先天的障碍而得到成功。

罗斯福从此不再在缺陷面前退缩和消沉，而是充分、全面地认识自己，在顽强之中抗争。而且他不因缺憾而气馁，而是用它做动力，将它变为资本、变为扶梯，使自己登上了成功的巅峰。他当了受人尊敬的总统，在晚年，已经很少有人知道他曾是有严重缺憾的人了。

父母要引导和教育孩子对自己进行积极、正确、客观的评价，并且认识到任何人都具有自己的长处，也都会有短处或不足。因为一个人只有客观地评价自己和他人，与他们进行正确的社会比较，才有助于肯定自己，才可能克服自卑感。

在生活当中，父母还要注意并善于发现孩子的优点和点滴的进步，并不失时机地给予肯定和表扬。孩子认为自己有优点，也能取得一定的成绩，便会增强取得更大更好成绩的信心和希望了。

2.鼓励孩子进行积极的自我暗示

当孩子遇到挫折和失败时，需要以不断的心理上的自我暗示，来获取前进中必不可少的原动力。积极的暗示带给孩子的是积极的认识和体验，能帮助孩子稳定情绪、树立自信心及战胜困难和挫折的勇气，保持积极向上的精神状态。

有一个男孩十分优秀，美中不足的是他左脸有一片十分醒目的胎记，从眼角一直延伸到嘴角，颜色是青紫色，猛然一看十分吓人。但这个男孩显然没有因此而自惭形秽，他总面带笑容，神态安然若素，自信谦和，老师同学都喜欢和他交往。

相貌上的缺陷对一个人的影响是十分巨大的，有的人一生都走不出自卑的阴霾。这个男孩的一个好朋友有一天忍不住问他："为什么胎记没能给你造成阴影呢？"（这也说明了男孩的心态很健康，否则他的朋友也不敢当面问这样敏感的问题。）

男孩这样回答："怎么会呢？从小我的父亲就告诉我，在我没有出生前，他向上天祈祷，希望上帝赐给他们一个有特殊才能、与众不同的孩子。上帝听到了他的祈祷，在我出生时，让天使吻了吻我的左脸，做了个标记。这样，他才能在众多婴儿、茫茫人海中准确地把我送给我的父母。我的脸上也因此留下了天使的吻痕，这是幸运的标记。因为我父亲是这样告诉我的，所以，从小我对自己的好运气深信不疑。每当陌生人第一次见到我，脸上都会流露出惊讶的表情，我都把它解读为美慕。我是上帝送给父母的最独特的孩子，所以，从小我就特别努力，生怕浪费了上帝赐给我的特殊才能，这么多年下来，我感觉自己一直受到命运的垂青，这证明父亲当年一点儿也没有骗我。"

看这个男孩拥有一位多么爱他、多么智慧的父亲啊！本来是一个不那么幸运的孩子，因为父亲成功的心理暗示，他成为一个健康、自信、优秀的孩子。这位父亲才是他生命中真正的天使！

孩子在生活中难免遇到失败和挫折，而失败的阴影是产生自卑的温床。所以，父母应及时了解孩子的心理变化，鼓励孩子进行积极的自我暗示，帮助孩子及时驱逐失败的阴影，这是克服自卑、保持自信的重要手段。

当孩子感到信心不足时，父母应该鼓励孩子进行积极的自我暗示，把"别紧张，我也行""我一定能成功"之类的话写下来，或者大声说出来。也可以在此基础上，让孩子根据自己的实际情况拟定一句鼓舞斗志的话，每天上学之前都念上几遍，在语言暗示后再满怀信心地去上学。

3.不要拿孩子做比较

小梅是初中二年级的学生。有一次，妈妈无意中在小梅面前说起同事的女儿在英语竞赛中获得了二等奖。小梅非常敏感，很委屈地说："为什么你们总是说别人的好？你找别人的女儿做你女儿好了！"以前看到女儿类似的反应，妈妈都会认为女儿不够虚心，见不得她表扬别人。可是这次女儿竟然说出"你找别人的女儿做女儿好了"，她才觉得问题有点严重。

妈妈冷静下来一想，意识到不该以这种方式来激励女儿，她的本意是想让女儿"知耻而后勇"，激发女儿学习的斗志，哪知倒让女儿越来越觉得自己不如人，对自己失去信心。于是，她决定换种方式来激励孩子，用欣赏的眼光看待自己的孩子，多发掘孩子身上的优点，多给予赞美之词。渐渐地，妈妈发现小梅变得开心了，对学习的自信心也增强了。

生活中，有些父母经常性地拿自己的孩子和别的孩子做比较，时间长了，孩子的心里就会产生"我不如别人"的自我暗示，从而就容易走向自卑的误区，不利于孩子的成长和发展。我们不妨换一种方式，用欣赏的目光注视孩子，用鼓励的语言激励孩子，发现每个孩子的独特之处，发现他过去和现在的行为变化，培养增强孩子的自信心。

放下嫉妒心，让孩子轻装前进

嫉妒，俗称为"红眼病"，是说一个人看到别人比自己强而产生的一种心理不平衡现象。它会破坏人际关系，伤害朋友间的友情，甚至会由于攻击性的情绪发泄而造成悲剧

伯特兰·罗素是20世纪声誉卓著、影响深远的思想家之一，1950年诺贝尔文学奖获得者。他在其《快乐哲学》一书中谈到嫉妒时说："嫉妒尽管是一种罪恶，它的作用尽管可怕，但并非完全是一个恶魔。它的一部分是一种英雄式的痛苦的表现；人们在黑夜里盲目地摸索，也许走向一个更好的归宿，也许只是走向死亡与毁灭。要摆脱这种绝望，寻找康庄大道，文明人必须像他已经扩展了他的大脑一样，扩展他的心胸。他必须学会超越自我，在超越自我的过程

中，学得像宇宙万物那样逍遥自在。"生活中，如果一个人产生了嫉妒情绪，那么他就从此生活在阴暗的角落里，不能在阳光下光明磊落地说和做，而是面对别人的成功或优势咬牙切齿，恨得心痛。一个人有了这种不健康的情感，就等于给自己的心灵播下了失败的种子。

魏国有一名大将叫庞涓，他指挥魏军打了不少胜仗，自以为是了不起的军事家。可是他心里明白，他的同学齐国人孙膑，本领比他强得多。据说孙膑是著名的军事家孙武的后代，只有他知道祖传的13篇兵法。

庞涓妒忌孙膑的才能，他居心不良，安排了一条陷害孙膑的诡计。他向魏惠王（魏国国君）举荐孙膑，魏惠王很高兴地派人请来孙膑，共议国是。孙膑的才华处处显露出来以后，庞涓在魏惠王面前诬陷孙膑私通齐国谋反。魏惠王大怒要杀孙膑，庞涓又假意讲情，结果孙膑被治了罪，剜掉了双腿的膝盖骨，成了残废。

后来孙膑知道了这是庞涓的诡计，一怒之下，烧掉了即将写成的兵书，装成疯癫，麻痹庞涓，再设法逃脱虎口。

恰好齐国的一位使臣到魏国办事，偷偷把孙膑藏在车内，混过了关卡，带到齐国。

齐国国君十分敬重孙膑，想拜他为大将，孙膑极力推辞："我是个受过刑的残废，如果当了大将，众人会笑话的。"齐威王就让他做军师，行军时坐在有篷帐的车里，协助大将田忌作战。

在孙膑的策划下，齐军连打胜仗。公元前342年，庞涓带魏军攻打燕国，田忌、孙膑率齐军救燕。但孙膑指挥军队不去燕国，而直接攻打魏国。

庞涓得到情报，忙从燕国撤兵赶回魏国。路上庞涓观察齐军扎过营的地方：第一天的炉灶数，足够10万人吃饭用的；第二天的炉灶数，够5万人吃饭用的了；第三天的炉灶数，只够3万人吃的了。庞涓放了心，笑着说："我就知道齐兵都是胆小鬼，到魏国才3天，10万大军就逃散了一大半。"他下令急追齐军。

魏军一直追到马陵（现河北省大名县东南)，天渐渐黑了，马陵道在两山之间，路很窄，两旁都是深涧。这时，有士兵报告："前面山道都用木头给堵住了。"庞涓急忙上前去看，果然如此，只有一棵大树没被砍倒，大树上还有一大片树皮被砍掉了，上面好像还写着字。庞涓命人拿火把来，借火光一看，他大惊失色，原来上面写的是"庞涓死于此树下"，落款是"孙膑"。庞涓想撤兵已来不及了。这时四面杀声震天，不知有多少支箭一齐射来，齐军已把魏军团团围住了。庞涓身中数箭，他已无路可走，就在树下自刎了。

原来孙膑使用诱兵之计，一路上造成齐军逃散的假象。他料定了庞涓会追到马陵，早在此处设下了埋伏，他吩咐士兵：只等树下火光一起，就一齐放箭。

这一战后孙膑的名气传遍了诸侯国。后来孙膑不愿再做官，就隐居去了，但他写的兵法一直流传到现在。

这是一个很明显的教训，嫉妒者无不以害人开始，以害己而告终。

嫉妒是一种束缚手脚、阻碍事业发展与创新、影响工作的情绪。其特征是害怕别人超过自己，嫉妒他人优于自己，将别人的优越处看作是对自己的威胁。于是，便借助贬低、诽谤他人等手段，来摆脱心中的恐惧和忌恨，以求心理安慰。同时也会使人变得消沉，或是充满仇恨，如果一个人心中变得消沉或是充满仇恨，那么他距离成功也就越来越远。

嫉妒之心，人皆有之，即便是孩子也不例外。希腊的一位心理学家曾说过："嫉妒是一种十分自然的反应，每个孩子都会有嫉妒，孩子的嫉妒心从很小的时候就会有反应，引起孩子嫉妒的原因极多，在许多情况下，这种嫉妒会达到折磨人的程度。"

嫉妒对孩子身心的危害是很大的，如果孩子有了这种不健康的情感，就等于给他们自己的心灵播下了失败的种子。孩子嫉妒心过强，不仅影响进步，对身心健康不利，而且对集体和社会均起着耗损作用，是一种对团结、友爱非常不利的情感。这种缺点如果保留到长大以后，那么孩子就很难协调与他人的关系，很难在生活中心情舒畅。

新学期开始，为了调动同学们学习的积极性，某校语文老师开展了一个活动：要求大家多练习钢笔字，如果写得好的话，老师便在同学的作业本上加盖一枚小红花；如果小红花多了，这位同学的本子就将作为展品全班展览。全班同学都积极响应，要强的小辉也为获得小红花而下了很多的苦工去练字。但好多天过去了，小辉的作业本上还是没有一朵小红花。一天下午放学，班里的同学都回家了，负责值日的小辉看着那些被老师当作范本的作业本，心里产生了一种强烈的嫉妒心理，他不但把那些盖有小红花的作业本悄悄地撕掉一些，还把老师遗忘在讲桌上的印章悄悄放进了自己的口袋里。

小辉的做法显然是因为自己没有得到小红花，也不想让别人得到的嫉妒心理而产生的行为。

嫉妒是孩子成长过程中一个不容回避的问题，它并不可怕，关键在于如何战胜它。生活中，父母要对孩子的嫉妒心理给予关注，平时要细心观察了解，关心他们的心结所在，一旦发现嫉妒心态的萌发，就应该及时地加以正确引导、制止和纠正，使孩子能够朝着健康的方向发展，在以后的人生道路上成为真正的强者！

1.认真分析孩子嫉妒的原因

要想帮孩子克服嫉妒的心理，首先要弄清楚孩子产生嫉妒的原因。孩子之所以有嫉妒心理，总的说来主要是孩子内在的消极因素和外部环境的消极因素相互影响、相互作用的结果。例如，在竞争中受挫会导致他对成功者的嫉妒；因教师对他人的表扬而产生嫉妒；因自己容貌欠美、身材欠佳而对生理条件优越的同学产生嫉妒；因自己家境贫寒而对家庭社会、经济地位高的同学产生嫉妒等，再加上不当的家庭教育方式使得孩子渐渐缺乏自信，变得心胸狭窄。只有了解了孩子嫉妒心理产生的原因和根源，父母才能有针对性地进行教育。

2.让孩子认识到嫉妒的危害

作为父母，要扮演老师的身份，用合理而又权威的语言让孩子明白嫉妒是一种负面情绪。嫉妒有两方面最大的危害：（1）破坏人际关系的和谐。当一个人嫉妒另一个人的时候，就不会对那个人友善、热情，两个人的关系必然冷淡。嫉妒的对象越多，关系冷淡的对象越多，这就给人际交往带来极大的妨害。（2）造成个人的内心痛苦。一个嫉妒心强的人，常常陷入苦恼之中不能自拔。时间长了会产生自卑，甚至可能采取不正当的手段去伤害别人，使自己陷入更恶劣的处境。

3.引导孩子向别人的长处学习

小文和小佳从小学一年级开始就是形影不离的好朋友，几乎天天一起写作业，平时也腻在一起聊个没完。可是有一天，小文打电话叫小佳出去玩，小佳却说："我在看书呢，没时间出去玩。你找别人玩吧。"小佳妈妈听到后，觉得有些奇怪，平时恨不能分秒不离、好成一个人的两个好朋友到底怎么了。

在妈妈的一再追问下，小佳终于说出了自己心里的不快。原来，小文评上了"市三好学生"，这几天所有的老师和同学都在夸奖着小文。小佳觉得小文和同学、老师都冷落了自己。

小佳妈妈感觉到了女儿的嫉妒和不平衡，就给小佳讲了恩格斯无私地帮助马克思的故事，并反问小佳："如果你取得了成绩，是愿意听大家的祝贺，还是更愿意听好朋友的祝贺呢？这个时候，要是能有好朋友陪在身边，小文该有多高兴啊！这个时候，你要问问自己'为什么小文评上了，而自己和其他同学却没有评上'。和好朋友在一起，不应该只是玩的时候觉得高兴，更应该看到朋友的优点，学习朋友的长处，为朋友的成功高兴。是不是应该这样呢？"

听了妈妈的话，小佳想了想，惭愧地点了点头。半年后，小佳当上了学习委员，小佳对妈妈说："这都是向朋友学习的结果。"

当孩子对某一个同学产生嫉妒心的时候，便会对这个同学充满莫名的愤恨，甚至会采取一些不当的方式来发泄。这时，父母要引导孩子冷静下来，用平和的心态分析别人为什么会比自己强，找一找别人成功的原因是什么，从而发现其中值得自己借鉴的方式方法。告诉孩子要把对方的长处学到手，这样你也能不断进步，取得成功。同时还可以启发孩子与自己嫉妒的同学交朋友，消除妒意。

4.引导孩子正面宣泄负面情绪

孩子对他人拥有的自己不具备或得不到的东西，往往会产生一种由羡慕转化为嫉妒的心理，这是很正常的现象。父母平时应该多和孩子接触交流，及时掌握孩子的心理变化，了解孩子嫉妒的直接起因，耐心倾听孩子的心理感受。要知道，孩子的嫉妒是直观、真实甚至自然的，它完全不像成年人那样掺杂着许多其他的社会因素，它只是孩子们对自己愿望不能实现而产生的一种本能的心理反应。因此，当孩子显露出其嫉妒心时，作为家长，千万不要严加批评指责，而是倾听，理解他的愤怒、不安、烦躁等不良情绪。在孩子倾诉完之后，要为他正确分析与他人产生差距的原因。积极寻找缩短差距的途径和方法，以便使孩子能正确与他人进行比较，以积极的方式缩短实际存在的差距，最终化解内心的不平衡。

不攀不比，让孩子远离虚荣

虚荣心是对名利、荣誉、面子等的一种过分追求，是道德责任感在个人心理上的一种畸形反应，是一种不良的心理品质，其本质是利己主义的情感反应。心理学上认为，虚荣心是自尊心的过分表现，是为了取得荣誉和引起普遍注意而表现出来的一种不正常的社会情感。

莫泊桑的《项链》就写了这样一个悲剧故事：

天生丽质、出身贫穷的女子洛阿赛太太，心比天高，命比纸薄。她梦想与王子联姻，却嫁给了一个小职员；她渴望身居王宫大厦，却住在一个普通公寓里。"她没有香水，没有珠宝，而这些正是她梦寐以求的东西。"她有个富贵的朋友，是她的同班同学，她从来不去看望这个朋友，因为她如果看到朋友的那些珠宝首饰正是自己想拥有而得不到的时，就会很痛苦。有一天晚上，她丈夫高高兴兴地回到家里，告诉她："我们接到一份请帖，可以参加公共教育部长和他夫人举行的晚会。"洛阿赛太太起初表现得很高兴，可是一会儿她又变得很沮丧，"可是我没有像样的衣服。"她说。于是丈夫给她买了一件衣服，可她还是不开心，"我没有首饰。"丈夫讨好地对她说："为什么不到你的朋友福莱斯蒂太太那儿去借呢，她的首饰多的是。""对呀，我怎么就没想到这个好办法呢！"她高兴地喊了起来。她到朋友的家里借来了一串美丽的钻石项链。

她穿着新衣服，戴着璀璨的项链，在晚会上，她成了所有女宾中最美丽动人的一个，极大满足了自己的虚荣心。晚会结束了，她还久久陶醉在那愉快的气氛中。但当她兴致勃勃地回家后，对着镜子卸下晚装时，忽然发出一声惊呼："项链，我把福莱斯蒂太太的项链弄丢了。"于是到处去找，可是找遍了所有的地方都没有找到。"我们总得想办法赔呀！"她和丈夫一起从这家首饰店跑到那家，从那家又跑到另一家，一家一家地跑，终于找到了一条和弄丢的那条非常相像的。可是店主告诉他们，这个要4万法郎，虽然可以减价，但最少也要3.6万法郎。于是他们四处奔走，找遍了亲戚朋友、银行家、高利贷者、放债人，最后才凑足了3.6万法郎。

洛阿赛太太把项链还给了她的朋友，从此开始为偿还债务而不停劳作。她含辛茹苦，终日洗刷忙碌，变得两手粗糙，容颜憔悴。丈夫也跟她一起辛苦劳作，替商人们结算账目，为了5分钱一页的报酬抄写文件，常常通宵达旦。他们这样过了10年，才还清了全部债务。一个星期天，现在已经是苍老憔悴的洛阿赛太太在大街上走着的时候，忽然看到一个年轻、漂亮、动人的贵妇人从对面走来,原来是福莱斯蒂太太。洛阿赛太太招呼道:"珍妮,你早!"福莱斯蒂太太没认出她来,怔怔地望着她。"你不认得我了吗?珍妮,我是玛蒂尔德·洛阿赛。""啊,我可怜的玛蒂尔德!你怎么变成这个样子了?""这些年来,我的境况很不好——都是为了你。""为了我?怎么回事呀?""我把你借给我的项链弄丢了,后来买了一串跟它一样的还给了你,这十年,我都在还这笔债呢。"福莱斯蒂太太激动地说:"我可怜的玛蒂尔德,我的那串项链是假钻石的呀,顶多只值500法郎。"玛蒂尔德的悲剧,正是由虚荣造成的。为了一时的虚荣,而赔上一生的幸福。正是她的爱慕虚荣让她付出了如此惨重的代价。

可见,虚荣,是人生的一记暗伤。轻则累及一时;重则痛苦一生。太爱慕虚荣,不是自己为自己增光,而是自己给自己添累。

虚荣心人皆有之,孩子也不例外。据有关调查表明,独生子女的虚荣心较强,在被调查的独生子女中有20%存在较强的虚荣心。某城市一个女儿硬要爸爸妈妈换房子,原因是老师要来家访,而自家的房子太破旧了。还有一个儿子硬是要母亲把车换掉,如果不换掉,就要求母亲在快到学校的那个拐角停下来,让他走到学校。母亲问为什么,孩子说因为现在好多父母都开宝马接送孩子。小小年纪,就如此过于爱面子,虚荣心太强,实在是令人担忧。

一天,一个读小学三年级的孩子回到家中,掏出成绩单:"爸爸、妈妈,我语文、数学考了99和98分!"父母亲吃了一惊,这孩子平时只考70分左右,在班级里处于中下等水平,现在怎么成绩提高了这么多?向老师一问,才知道原来孩子涂改了成绩单,把79和78改成了99和98。父母亲问孩子为什么,孩子说:"我穿的是名牌服装,吃的是电视广告里推荐的高端食品,成绩也要数一数二!"可怕的虚荣心,让孩子学会了弄虚作假。

虚荣心对于孩子的危害性是不言而喻的,它会导致孩子产生其他心理问题,如嫉妒、自卑、敏感,这些都会阻碍孩子的发展。虚荣心强的孩子在个性成长中，经常会出现各种问题，如为了满足其虚荣心而经常说谎，情绪不稳定，不认真学习，缺乏意志力等。虚荣心强对孩子来说无疑是一种可怕的坏习惯，如果不加重视，任其发展，虚荣心将成为孩子成长中的绊脚石。所以，父母对虚荣心较重的孩子不能掉以轻心，而应当采取必要的方法加以纠正。

1.父母要为孩子做出榜样

孩子讲虚荣、爱攀比多数是受成人影响。如果父母为了满足虚荣心整天穿金戴银，开好车，住好房，用来向外界标榜自己的富有，孩子在这样的家庭环境下成长，势必会受到虚荣的感染，进而不再潜心读书，而是会想办法用各种方式来满足自己的虚荣心。所以，父母首先要摆正自己的心态，不同别人攀比，不盲目追求物质享受，给孩子树立好的榜样，用良好的言行去感染、教育孩子。

2.不要助长孩子的攀比心理

小强快要过生日了，这天，一回家就冲妈妈喊："妈妈，您打算怎么给我过生日啊？我们同学过生日的时候，就看谁最气派，花钱最多，请的朋友最多，去的饭店最好。"

妈妈听了小强的话稍微有点不快，但还是耐心地问："孩子，你想要什么礼物啊？"

小强说："现在很多同学家里都有电脑，大家没事就经常在一起比赛，看谁的电脑玩技高，谁的电子游戏得分高，还比谁懂的网络知识多，谁认识的网友多。我们班里很多同学会上网，大家经常交流谁知道更多更好的网站，我一句也插不进去。要不这样，您今年就不用请我们同学去饭店吃饭了，给我买个电脑吧，妈妈！"

妈妈："孩子，你渴望接受新生事物的心情妈妈很欣赏，电脑也不是不可以买。但如果你想跟同学攀比，看谁家有钱，妈妈坚决不答应。"

孩子的年龄尚小，认知能力比较差，并没有建立起自己评价事物的标准，加上受到社会上一些不良风气的影响，容易导致其产生攀比心理。孩子一旦有了攀比心理，就会助长贪婪的欲望和极强的虚荣心，产生畸形的消费观、人生观和价值观，还会给他们将来的就业、生活带来种种负面的影响，甚至会使他们走上邪路。攀比心理，对孩子的健康成长是有百害而无一利的。因此，对孩子提出的各种要求，家长要做的不是尽量去满足孩子的愿望，而是要对孩子的攀比心理给予正确的疏导。在拒绝孩子的无理要求时，家长不能简单地说"不"，而是要让孩子明白为什么不能满足他的要求。

3.让孩子了解父母挣钱的辛苦

孩子的虚荣心无限膨胀一定有明显的信号，比如：对衣服、文具、玩具特别挑剔；抱怨父母不能给自己提供优厚的物质条件。这个时候，父母可以引导孩子参观自己的工作单位，让他体会赚钱的不易，从而纠正他的这种思想。只有让孩子真切地感受到父母的工作是多么辛苦，他才会明白金钱的来之不易，才会克服虚荣。正如某位哲人所说的："要让你的孩子知道，你付出了代价，才拥有了现在的生活。"

避免骄傲自大，保持谦虚的心态

谦虚使人进步，骄傲使人落后。这是千年不变的恒言。古今中外的许多事实都一再表明：不论多么伟大的人物，一旦骄傲起来，就停止不前了，必将以失败而告终。骄傲是无知的表现，无知的人哪怕有一点极其微小的成绩也可能忘乎所以地骄傲起来；成熟的人、明智的人即使获得了巨大的成功，也仍然是谦虚谨慎的。

谦虚是一种美德，也是为人处世的一种方式。因为谦逊给人的印象是虚怀若谷，是一种稳定和踏实。18世纪，英国切斯菲尔德勋爵建议自己的儿子：尤其要注意自己在公众场合的言行，注意保持谦逊和沉默。他说："永远不要显得比你周围人更聪明，更有学识。将你的学识像手表一样，小心放进自己的衣袋里。不要轻易拿出来炫耀，而只是让人知道你也拥有它。"谦恭不是一种表面姿态，而是一个人内在品德和修养的高度表现。有一颗谦恭的心，人就不因学问博雅而骄傲自大，也不因地位显赫而处优独尊。

有一位女作家被邀请参加笔会，坐在她身边的是一位匈牙利的年轻作家。

女作家衣着简朴，沉默寡言，态度谦虚。男作家不知道她是谁，他认为她只是一位不入流的作家而已。

于是，他有了一种居高临下的心态。

"请问小姐，你是专业作家吗？"

"是的，先生。"

"那么，你有什么大作发表呢？是否能让我拜读一两部？"

"我只是写写小说而已，谈不上什么大作。"

男作家更加证明自己的判断了。

他说："你也是写小说的，那么我们算是同行了，我已经出版了339部小说了，请问你出版了几部？"

"我只写了一部。"

男作家有些鄙夷，问："噢，你只写了一部小说。那能否告诉我这本小说叫什么名字？"

"《飘》。"女作家平静地说。那位狂妄的男作家顿时目瞪口呆。

女作家的名字叫玛格丽特·米切尔，她的一生只写了一本小说。现在，我们都知道她的名字。而那位自称出版了339部小说的作家的名字，已经无从查考了。

世界上只有虚怀若谷的求知者，没有狂妄自大的成功者。曾国藩说："君子过人之处只是谦虚罢了。"谦虚是通往成功和赢得人们尊重的最重要的品质之一。谦虚谨慎的品格，能使一个人面对成功、荣誉时不骄傲，把它视为一种激励自己继续前进的力量，而不会陷在荣誉和成功的喜悦中不能自拔，把荣誉当成包袱背起来，沾沾自喜于一得之功，不再进取。

谦虚是一种美德，但这种美德在现在的一些孩子身上很难发现。生活中，有的孩子拥有了某一些方面的特长，就觉得自己水平很厉害，从而就骄傲起来；有的孩子考试成绩好，就瞧不起成绩差的同学，甚至觉得自己什么都比人家厉害。

音乐课上，实习老师刚走出教室，"啪"地一声脆响，一本书被狠狠地摔在桌上，"有几个音弹错了，颤音也没唱出来，这样的水平还来教我们！"惊愕的目光都聚集在他——林翔的身上。他是学校的艺术骨干，从小深受执教于音乐学院的母亲的影响，弹得一手好钢琴，在声乐、舞蹈方面也不错，曾多次代表学校参加文艺演出或比赛并获奖。

林翔不仅有文艺特长，而且写得一手好文章。但就是这样一个好学生，同学们都不太喜欢他，背地里都叫他"冷血王子"。为什么呢？原来除了几个亲密的伙伴外，他不大爱同其他同学讲话。当有同学问他问题时，他总是很轻蔑地说："这么简单的问题需要问吗？！"久而久之，没人愿意理他了。

生活中，像林翔这样的孩子并不少见，这些孩子通常看不起别人，总认为自己比别人强得多，把别人看得一无是处。

俗话说：谦受益，满招损。骄傲是前进的大敌。即使再有才华的人，也不能忽视这一点。骄傲自大对孩子的成长很不利，只会对孩子的发展产生消极影响，唯有谦虚才是孩子成功的基石。因此，父母应该注重对孩子的谦虚品质的培养，这对孩子的成长发展是极为重要的。

1.指导孩子谦虚做人

小芳从小就是一个非常自信的孩子，她总觉得自己是无所不能的，在学校里，她要当班长，在伙伴中，她要当"老大"，甚至在玩过家家的时候，她也要当"妈妈"。这种自信的心态最终让小芳变成了一个骄傲自满的人，只要看到别人的成绩，她也不会理会，甚至还找出一大堆理由来解释别人为什么这么厉害。总之，她认为自己永远都应该是最有能力的一个。

为了改变小芳的这一情况，父母苦口婆心地说了很多，却一点用处都没有，小芳还觉得很烦。后来，小芳参加了一次小学阶段的奥林匹克数学竞赛，只得到了第十名，这对于小芳来说，打击是很大的，她哭了两天。

小芳的父母借着这个机会对她进行了教育：你之所以会得到这样一个成绩，是因为你太骄傲了，你总觉得自己什么都懂、什么都会，所以你根本就没有好好听课，没有好好地预习和复习……

在父母的教育下，小芳似乎意识到了自己的问题，从那以后，小芳变得谦虚多了。即使是考试得了第一名，她也只会会心一笑；而在以前，她肯定会说："这有什么难的，他们不会是因为他们太笨了。"

每个人取得良好的成绩之后，都会喜出望外，因此往往在不觉中，就显现了骄傲的情绪，孩子也是如此。当孩子产生了虚荣和骄傲自大的盲目心理时，父母要找准时机，耐心引导孩子，让孩子知道骄傲自满只能带来失败，及时指导孩子谦虚做人。

2.不要轻易表扬孩子

家长和社会对孩子过分的夸奖与肯定，很容易使孩子滋生骄傲情绪，认为自己是最优秀的。一旦这种骄傲情绪产生，再纠正就困难了。为了避免孩子骄傲，教育家卡尔·威特先生非常注意培养孩子谦虚的性格，并尽量避免别人轻易表扬他的儿子。因为他知道，孩子一旦滋长骄傲自满情绪，他的前途就毁了。

一次，一个久闻小威特擅长数学的督学官想考考他。按照惯例，威特先生要求对方答应自己的条件，即"不管考得怎样，绝不要表扬我儿子"。商量妥当后，威特先生就把特意打发出去的儿子叫进来，考试就开始了。

越考那位督学官越感到惊异，因为每一题小威特都能用两三种解法去完成，也能按他的要求去解题。这样他就不由自主地想要赞扬小威特了。威特先生赶紧给他递眼色，他这才住了口。

考着考着就进入了学问的深层，并最终到了督学官所不熟悉的领域。这时，他不由自主地叫了起来："唉呀！真是超过了学者！"

威特先生想，这下坏了，就立即泼冷水："哪里，哪里，由于这半年儿子在学校里听数学课，所以还记得。"督学官还不死心，又对小威特说："你再看看这道题，这道题先生考虑了三天才好不容易做出来。如果你能做出来，那就更了不起了。"

可是，没过多久，小威特就做出来了。这时督学官有些不高兴地说："你事先知道这道题吧。"小威特一听感到很委屈，含着眼泪反复声明自己不知道。

这时督学官说："如果没见过这道题，你就胜过欧拉这个大数学家了。"威特先生掐了一下他的手，立即说："瞎鸟有时也能捡到豆，这也是偶然的。"

督学官这才领会到威特先生的意图，点着头说："是的，是的。"然后附耳小声对威特先生说："唉呀！我真佩服你的教育法。这样的教育，不管你儿子有多大的学问也绝不会骄傲。"

威特非常了解孩子的心理，自己的孩子实在太优秀了，太优秀的孩子往往经不起表扬，表扬过多往往会导致孩子骄傲自满心理的产生。因此，他在生活中有意识地避免表扬孩子。

孩子的自制力较差，表扬过多就会导致孩子产生骄傲自满的心理，以至迷失自我，最后沦为平庸。因此，父母在生活中应该有意识地避免过度表扬孩子。父母要明白表扬孩子本身没有错，但是，千万不要一味表扬，而且表扬孩子的时候也应该注重表扬孩子的某种行为，而不要表扬孩子本身。

第八章
情绪管理：
控制好情绪，
才能控制好人生

控制好情绪，才不会乱发脾气

　　心理学上认为：乱发脾气的孩子通常缺乏自控能力、意志力薄弱。这样的孩子做事喜欢随自己的性子来，不考虑后果，不懂得尊重别人的感受，想要怎样，就要怎样，稍不顺心就大哭大闹，向家人宣泄自己的不满情绪。如此下去，对孩子形成良好的性格很不利。

　　王先生夫妇最近被女儿的坏脾气折磨得头疼死了。

　　女儿莉莉仅6岁，脾气却暴躁得厉害，稍不如意就大发雷霆，大喊大叫，即使是跟她讲道理，她也听不进去，如果父母不按照她说的去做的话，她就一直吵闹、哭喊、在地上打滚，手里有什么东西都会顺手扔出去。

　　为此，王先生夫妇想尽了办法，他们打她，苦口婆心地教诲，罚她站墙角，赶她早点上床，责骂她，呵斥她，给她讲道理……简直拿出教育男孩子的方法来，仍然不奏效！一有事情，莉莉还是会大发雷霆，暴躁脾气依然如故。

　　发脾气是任何一个孩子在成长过程中很正常的表现之一。孩子和成人一样，有着自己的个性与脾气，他们的情绪表达往往比成人更直接、更强烈，一发起脾气来，就是什么话都听不进了。如果父母为了让孩子不发脾气一味迁就显然不行。因为这样会使孩子将"发脾气"当作一种要挟父母的手段，一旦父母没能满足他，他就会大闹下去。所以，父母不能因为孩子发脾气就手足无措，而要沉着冷静地应对：尽量满足孩子合理的要求；对不合理的要求，要耐心地说服。

　　史密斯太太4岁的女儿露西非常喜欢哭闹，大人一有不合她意的行为就会引来她的大喊大闹。以前史密斯夫妇因为只有这一个女儿而对她百般迁就，对她随意发脾气的习惯不予制止，结果露西就变得越来越爱哭闹，发脾气也越来越随意。看着露西有往不服从大人管教的方向发展，史密斯夫妇就决定好好地教育她。史密斯夫妇教育露西，有什么要求一定要讲出充足的理由来，只要讲出的理由合理就给予满足；相反的，如果不讲理地随意发脾气，那么就算理由充分也不会答应。

　　这天，露西又发脾气了。原来，史密斯太太让她先练弹钢琴，而且一定要练满一个小时之后才能玩玩具。可是露西还没练到10分钟就没有耐心了，吵着闹着要去玩。史密斯太太就和她讲要养成先学习再玩闹的好习惯，但是露西并不听妈妈的教导，还发起脾气来，朝着史密斯太太又吼又叫。

　　这时，史密斯太太见女儿听不进大人讲的道理，就马上对她说："你今天不能玩玩具了！"露西一听，反而闹得更凶，还朝着史密斯太太扔东西。史密斯太太看着女儿的反应，立马将惩罚加重："你明天也不能玩玩具了！"到了第二天，露西找遍所有房间都没有看到玩具的影子，露西本来又想发脾气的，但是想到妈妈可能会让自己再也玩不到玩具就克制住了自己的脾气。从这以后，露西再也没有采取这种无理的方式来表达自己的要求了。

　　儿童心理学家认为，当孩子发脾气时，父母应该试着找出原因，从源头上阻止孩子发脾气。孩子会因为需求没有得到满足而发脾气，这种情况多半是因为家长以前过分溺爱孩子造成的；孩子因为被父母忽视而发脾气，企图引起父母的关注；孩子因为不被理解而发脾气，这时候父母应给孩子解释的机会，耐心倾听孩子的心声。

在成长过程中，孩子总有些过失行为，这些过失行为往往带有很大的盲目性、偶然性、试探性和好奇性。事实证明，无论孩子的脾气如何暴躁，只要通过教育引导、行为矫正等，都可以改变。

为了培养孩子的良好性格，避免他乱发脾气，家长们一定要以身作则，坚定立场，为孩子创设一个健康的环境氛围，让孩子保持积极的情绪，控制不良情绪的爆发。

1.教孩子一些调节情绪的方法

从前，有一个脾气很坏的男孩。他的爸爸给了他一袋钉子，告诉他，每次发脾气或者跟人吵架的时候，就在院子的篱笆上钉一根。第一天，男孩钉了37根钉子。后面的几天他学会了控制自己的脾气，每天钉的钉子也逐渐减少了。他发现，控制自己的脾气，实际上比钉钉子要容易得多。终于有一天，他一根钉子都没有钉，他高兴地把这件事告诉了爸爸。

爸爸说："从今以后，如果你一天都没有发脾气，就可以在这天拔掉一根钉子。"日子一天一天过去，最后，钉子全被拔光了。爸爸的方法让这个小男孩学会了控制自己的情绪。

孩子是正在成长中的人，他的心智还没有完全成熟，他没有那么多心力来承担成人的喜乐哀愁。父母要以安慰的言辞和关爱对孩子施与同理心，帮助孩子发泄他们的情绪，辅导孩子进行情绪调整。例如，在盛怒时不妨赶快跑到其他地方，或找个体力活来干，或者干脆跑一圈，这样就能把因盛怒激发出来的能量释放出来。

2.冷淡对待孩子发脾气

一次，张女士把女儿从幼儿园接回家后，让女儿自己玩，她做晚饭。可没过一会儿，女儿就跑过来，非要和她一起玩。她告诉女儿，晚饭还没做好呢，如果和她一起玩，爸爸辛苦了一天，回家就没有饭吃。女儿不愿意，大哭大闹，甚至还摔起了东西。看着女儿发脾气，张女士心里很不是滋味，但还是一狠心把哭闹不止的女儿抱回了卧室。

一会儿，卧室里没了动静。张女士赶紧悄悄地走到卧室的门口一看，女儿正抱着洋娃娃自言自语："妈妈没时间，你和我玩，好不好？"

自此，张女士总结了一条经验，那就是：当孩子大发脾气时，父母甚至可以径自走出房间不理会大发雷霆的孩子，如此一来，孩子就失去观众了。

孩子发脾气并不是一件天大的事，他想用这种方法引起父母的注意，父母应该理解，但是不能放大这件事，应该冷淡对待，可以不予理睬，让孩子在一个安全的环境里任其发展，久而久之，孩子就明白了父母并不吃他这一套，也就会有所收敛。

但是要掌握好"冷处理"的时间，最好在冷淡过后，给孩子一个台阶下，或者等孩子情绪稳定后再向他讲明道理。

克服恐惧，不做胆小鬼

恐惧是一种带有强迫性质的、不以人自身的意志和愿望为转移的情绪。生活中，很多人都有这样或那样的恐惧感，如对死亡的恐惧、对黑暗的恐惧、对疾病的恐惧等。也有一些人对一些本来并不感到可怕的事情产生紧张、恐惧的情绪，如有人恐惧风、恐惧天气。他们自己也能意识到这种恐惧是完全没必要的，甚至能意识到这是不正常的表现，却不能控制自己，即使尽了很大努力也依然无法摆脱和消除。

恐惧能摧毁一个人的意志和生命。从心理学的角度来讲，恐惧心理是在真实或想象的危险中，表现出的一种有机体企图摆脱、逃避某种情景而又无能为力的、带有强迫性质的情绪体验。其表现为：神经高度紧张，内心充满害怕，注意力无法集中，脑子一片空白，不能正确判断或控制自己的举止。

恐惧是一个精灵古怪的魔鬼，它很懂得欺负人。当恐惧成为一种习惯并开始影响人们的正常生活时，它就演变成了焦虑，使人做事过于谨慎、小心、多虑等，在事情还未发生或者结果还未产生时，心中就有了恐惧情绪，影响人的生理，减少精神的活力，进而破坏人的身体健康。

有一天早晨，有一位智者看到死神向一座城市走去，于是上前问道："你要去做什么？"

死神回答说："我要到前方那个城市里去带走100个人。"

那个智者说："这太可怕了！"

死神说："但这就是我的工作，我必须这么做。"

这个智者告别死神，并抢在它前面跑到那座城市里，提醒所遇到的每一个人：请大家小心，死神即将来带走100个人。

第二天早上，他在城外又遇到了死神，带着不满的口气问道："昨天你告诉我你要从这儿带走100个人，可是为什么有1000个人死了？"

死神看了看智者，平静地回答说：

"我从来不超量工作，而且也确实准备按昨天告诉你的那样做了，只带走100个人，可是恐惧带走了其他那些人。"

由此可见，恐惧的危害是非常大的，它是威胁人们健康的潜在"杀手"，不仅给人们带来精神、躯体症状的痛苦，还妨碍人们的正常生活和工作。

恐惧是一种负面情绪，从心理学角度来讲，恐惧是人企图摆脱、逃避某种情境而又无能为力的一种情绪体验。每个人内心都会有或轻或重的恐惧心理，孩子也一样。心理学工作者对此有过统计：1岁以内的孩子害怕巨大声响、陌生人、环境突然改变、失去亲人照顾；1~2岁害怕陌生人、怕与父母分离；2~3岁害怕黑暗、独自在家、与父母分离；3~4岁害怕动物、昆虫、黑暗的房间；4~5岁害怕野生动物、鬼怪、雷鸣；5~6岁害怕上学、身体受伤害、超自然事件；7～10岁害怕社会交往、战争、身体伤害和学习问题。作为父母，应该了解孩子惧怕某些事物的心理特点，有针对性地帮助孩子克服恐惧心理。

看看下面这个故事中的爸爸是如何帮助孩子克服恐惧心理的：

小的时候，儿子特别害怕黑黑的小的东西，特别是类似毛虫的东西，总能让他吓一跳。

但是在生活的过程中我们发现，这种恐惧实际上是他自己的心理作用而已，而一旦要是你鼓励他一下，他或许就什么都不会怕了。

一天，他正趴在地上玩一个玩具，一转脸，突然看见从茶几底下慢吞吞地爬出来一只像棋子大小的黑东西。

他定睛一看，哟！原来是一只大土鳖，顿时大惊失色，后退几步，连声喊爸爸妈妈。

我们以为出了什么事，赶紧跑来，一看才知道怎么回事，对他说："唉，你怎么不抓它呀！""快抓呀！"但儿子只是抱着我的腿，一个劲地向上爬。

这个时候我把他带到土鳖跟前，说："去，逮住它，男孩子要胆大！记住，你是一个男子汉。"

妈妈也在一旁鼓励他："儿子，不要怕，勇敢点！"

儿子一开始的时候还趴在我身上要赖，可土鳖快要逃了。

我于是急忙先放下儿子，紧走几步，把土鳖翻了个个儿。土鳖仰面朝天，黑灰色的身子上几条小腿拼命地舞动着。

这时，妈妈拽着儿子的肩，从兜里掏出卫生纸，强迫他走到土鳖跟前，让他用卫生纸垫着，把土鳖扔到垃圾桶里。

儿子犹豫不前，我就和他妈妈在一旁一个劲儿给他"打气"。妈妈把卫生纸塞到他的手里，用她的手抓着他的手，强制性地让他去抓土鳖。

万般无奈，他只好硬着头皮，一横心，捏住了土鳖，我们在旁边一起连声地说："好，这还有点男子汉样子，快点捏紧，一鼓作气把它扔到垃圾桶里去。"

儿子用手哆哆嗦嗦地捏着土鳖，胳膊伸得笔直，快步向厕所走去，只觉得头皮发麻，头发都一根根地立了起来。在我们的协助下，他把土鳖扔进了垃圾桶。

自从那以后，他就对虫子不那么惧怕了。

一位儿童心理学家说过："儿童产生惧怕心理的原因与成年人一样，关键的问题是成年人懂得如何去应付恐惧，而孩子们却还不知道。"因此，父母应细心观察，找出孩子产生恐惧的原因，并帮助他们消除恐惧，从而培养孩子的自信心和勇敢的品质。

1.让孩子慢慢熟悉害怕的事物

下雨了，妈妈给4岁的明明穿上雨衣，送他去幼儿园。明明高兴地跑在前面，忽然他发出一声尖叫，小脸吓得煞白，站在那里不敢动弹。妈妈跑过去一看，原来路上有条蚯蚓。妈妈在蚯蚓跟前蹲下，对明明说："蚯蚓是益虫，不会伤害人，来，你碰碰看。"明明连连摆手说："不要，我害怕！"妈妈用手指轻轻碰了一下蚯蚓，说："不用怕，妈妈都敢碰，你是男子汉，还害怕一条小虫子吗？"在妈妈的鼓励下，明明小心翼翼地把蚯蚓捏了起来。"宝贝真勇敢！"在妈妈的夸奖下，明明高兴地笑了。

孩子的恐惧大多是由于缺乏知识、经验不足或错误的认知而引起的。所以，家长可以创造条件使孩子接触并了解那些本来不危险的事物，以解除其恐惧心理。例如，向孩子解释，使之相信周围的人和事物无害；让孩子摸一摸使之害怕的物体，或者家长亲自摸一摸让孩子感到害怕的物体，或家长亲自到孩子认为可怕的地方看一看、待一会儿，让孩子看到确实没危险。

2.不要吓唬孩子

为了让孩子听话，一些父母使用吓唬的方式来教育孩子。比如，孩子闹或不睡觉，家长就吓唬狼来了、老虎来了或鬼来了，胆小的孩子立即就会被镇住。其实，这种方法是非常错误的，用可怕的故事来吓唬孩子，会使孩子精神错乱。因为恐惧是人的天性，即使不吓唬，孩子也怕黑暗，因此不应当用可怕的故事来吓唬孩子，而应当让他们知道世上没有什么可怕的东西。

由于父母工作忙，暖暖从小就跟着爷爷奶奶长大，老人们都很爱孩子，所以平时很迁就她。每天晚上睡觉的时候，暖暖都让奶奶给自己讲故事，不听故事就不肯睡觉。

后来，爸爸妈妈把暖暖接来身边，每晚睡觉的时候，她还是不听故事就不肯睡。可是，爸爸妈妈工作忙，下班回来后比较累，所以没有时间给暖暖讲故事。暖暖的脾气很大，无论爸爸怎样哄她，她都不肯睡觉。爸爸灵机一动，就给暖暖讲了一个小红帽的故事。爸爸讲得绘声绘色，讲到大灰狼要吃小红帽的时候还做出非常狰狞的表情，暖暖觉得大灰狼真的很可怕。讲完故事后，爸爸还说："你要是不肯睡觉，晚上大灰狼就会来吃你的！"

从此以后，暖暖果然不再缠着爸爸讲故事了，爸爸很得意，觉得自己的办法起到了作用。可是，暖暖却再也不敢一个人睡觉了，而且到了晚上就很害怕，哪里都不敢去。

一般来说，孩子十分信任父母，父母说的话他们都信以为真。所以，采用吓唬的方式来教育孩子是非常有害的，使得许多人终身怯懦、胆小怕事。一位上了年纪的人回忆说：记得自己小时候，母亲常哄骗自己说"再哭雷公公会打死你，山里的老妖精听到声音会来抓你"之类的话。这种潜藏的恐惧心理一直延续到他上学甚至长大之后，当时他是学校公认的胆小、情绪不稳定的学生。

3.及时鼓励孩子的勇敢行为

当孩子面对害怕的事物表现出勇敢的行为时，父母不应该视为理所当然，而是要毫不吝啬地立即给予鼓励。例如，当孩子去接近曾经害怕的小兔子时，大人要及时鼓励孩子的勇敢；孩子敢独自睡觉了，要及时给予表扬。

帮助孩子克服焦虑情绪

随着生活节奏加快，压力不断增大，越来越多的人表现出各种焦虑症状，连孩子也不例外。例如，被焦虑情绪长期困扰，会给人们的生活带来不利的影响，严重的容易产生焦虑症。

焦虑是个体由于不能达到目标或不能克服障碍，致使自尊心与自信心受挫，或使失败感和内疚感增加，形成一种紧张不安、带有恐惧的情绪状态。这种情绪状态会出现某些不愉快的、痛苦的和难以自制的情绪紊乱。

在外人眼里，小健是个幸福的孩子。他出生在一个比较富有的家庭，父亲是某外资企业的高管，母亲为大学教师。小健是独生子，现在上初中二年级，他的生活可谓是一帆风顺，波澜不惊。然而实际上小健也有自己的烦恼，他的父母经常因为一些琐碎的事情意见不一，并常常陷于冷战状态中。而且父亲由于工作的压力比较大，经常在饭桌上抱怨诉苦，对小健几乎是不管不问。母亲则对小健的要求很严格，尤其在学习方面，只许小健进步，不许一点后退。当小健学习成绩提高时，母亲又会为他设定更高的目标。但当小健学习成绩下降时，不仅不鼓励安慰小健，还会责怪他偷懒，不努力学习。最近，母亲发现小健对一些事情（如考试）特别敏感，经常惶惶不安，时常感到害怕，学习成绩明显下降，经常独自一人发呆，对什么事情好像都没兴趣，对上学表现得尤为厌烦，每天上学前都很难受，多次以身体不舒服为由，恳请母亲允许自己不要去学校。母亲带他去医院检查，医生说他身体很健康。据学校老师反映，小健在学校里情绪不稳定，自信心不足，和他谈话时，表现得格外紧张害怕，时常怀疑自己的能力，害怕在集体中表现自己。

案例中小健的苦恼就是典型的焦虑情绪表现。

孩子焦虑的表现是多种多样的。有的孩子常常表现过分紧张，特别是对于陌生环境、陌生事物，更容易表现出焦虑反应，惶恐不安。有的孩子对学习过度紧张，害怕考试成绩不好；有的到了新的学校，担心与同学处不好关系；有的还因为自己的缺点，怕受到老师的批评，而不敢去上学等。总的来说，儿童的焦虑有以下类型：有因为神经系统发育不健全，对外界细微的变化过于敏感的素质性焦虑；由于突发事件使得儿童心理难以承受而整天担心害怕而产生的境遇性焦虑；由于与亲属特别是父母的分离而出现的心烦意乱，无心学习，甚至出现逃学、出走的分离性焦虑；由于家长对孩子期望过高，孩子害怕达不到家长预期的要求，担心受到责备而产生的期待性焦虑；由于家庭不和睦使孩子生活在矛盾重重的环境中，从而产生的环境性焦虑。

无论儿童焦虑类型如何，都与其自身的先天素质有关，但主要原因还是不良的环境和不正确的教育方法。有些父母对孩子百依百顺，过度保护，当孩子走出了家庭进入社会，就如温室的花朵，经不起风吹雨打，即使是一点不顺心的事，也易使儿童产生过度焦虑。有些父母"望子成龙，盼女成凤"的心情过于急切，不考虑孩子的负荷能力，对儿童要求过高，甚至过度惩罚，使孩子整天处于紧张状态，从而出现很强的焦虑反应。

曾经有一个14岁的男孩，妈妈为了帮他更快地提高学习成绩，就为他找了一所封闭管理的住宿制中学让他去上学。

哪知道，开学不久，第一次住校的男孩就出现了焦虑、恐惧、焦躁不安的情况。他经常大哭、失眠，晚上睡不着觉的时候还会用手使劲抓自己的眉毛。而男孩只要一回家，这些症状就都消失了。但只要妈妈将他送回学校，他就又开始出现这些症状。

妈妈没办法，带他去向心理医生求助。经过详细了解和诊断之后，医生告诉妈妈，男孩之所以这样，是因为在他小时候，家人对他有求必应，他对家人产生了很强的依赖性。而今，他要离开父母住校，由于对新环境不适应，又无人帮助，所以他有一种不安全感，因此才会对新环境产生适应障碍，这是一种分离焦虑。

最终，医生建议妈妈要适应男孩的发展需要，而不是对他有求必应。

可以说，这个男孩的焦虑问题是严重的，我们很难想象，如果没有心理医生的帮助，他会变成什么样。

孩子成长中过度的焦虑往往会严重影响儿童的智力发展，并且容易诱发抑郁、孤僻、自卑等心理疾病。所以，父母发现孩子的不良情绪后，应予以科学引导，以尽早让孩子摆脱困扰。家长不妨采用以下方法引导孩子战胜焦虑的缺点。

1.要做好早期预防工作

孩子的焦虑心理障碍大多来自于幼年结下的症结。父母对孩子的教育方法要科学，绝不能走入误区。例如，要有意识地从小训练孩子调节情感的能力，培养他们勇敢、坚毅、沉着、果断的意志品质，提高孩子对环境的适应能力、对外界压力的承受能力以及对困难的耐挫能力等。

2.营造良好的家庭环境

生活中，有些家庭，不懂得给孩子营造一个良好的成长环境，从而影响了孩子身心的健康成长，导致焦虑情绪的产生。

小明来自一个不和谐的家庭。一次考试，小明的成绩大幅下降。回到家后，小明的父母先是把小明指责一番，接着又互相指责起来：

"都怪你，整天不着家，也不关心孩子的学习，孩子才会考这么差。"

"孩子考不好怪我？我看是被你整天唠叨得没考好才对？"

"怪你！"

"怪你！"

……

最后，父母陷入了冷战，将近一个星期谁都不理谁。

小明每天生活在这种冷冰冰的氛围中，逐渐产生了焦虑的情绪。

家庭环境是孩子发育和成长的土壤，对孩子的身心健康特别重要。要想把孩子培养成自信、豁达、活泼、开朗的人，家庭的居住环境一定要整洁、有条理，家庭成员之间要和睦相处、互敬互助。父母不能在孩子面前大吵大嚷，更不能出现动手砸东西等不良行为。

3.适当放宽对孩子的要求

一个患上焦虑症的女孩对心理医生说："我今年读初三，最近，我特别不愿意回家，原因是爸爸妈妈太唠叨了。由于我成绩一般，学习压力比较大，在学校常听老师的唠叨，但不好意思'反抗'，心里本来就烦、压抑。可每天放学回家，还要听爸爸妈妈的啰嗦：什么想当年自己没有机会读书，被耽误了，你要好好努力，珍惜青春时光，省得以后后悔；未来社会是个知识社会……这些话我听得耳根都烂了，可爸爸妈妈还是乐此不疲地讲个没完。"

父母望子成龙的心情是可以理解的，但不是所有的孩子都能成为学习上的尖子，有些孩子只要努力了，或者父母已经尽到责任就行了。千万不要总是对孩子唠唠叨叨，嘲讽挖苦，或者板着脸不搭理，这样只会使孩子感到压抑，或促使孩子公开和父母对抗，从而加重孩子的焦虑情绪。

4.恰当地指导孩子

当孩子对某事表现出过强的焦虑时，家长要引导孩子讲出自己所担忧的事情，对孩子的痛苦表示同情，并尽量去消除孩子的顾虑，帮助孩子控制不安和失败的心情。

考试成绩下来了，媛媛由于考试没考好，她放学回到家后，一脸的沮丧，钻到了自己的小屋子里什么也不说。父母看见女儿这个样子，感到大事不妙，他们想创造一些好的气氛，就笑着和媛媛讲话。谁知不讲还好，一讲话，媛媛的眼泪就像断了线的珠子一样从眼角边滚落下来。这时，父母已经知道了个八九。其实，他们也很想知道孩子这次考试到底考成了什么样，但是为了不给女儿脆弱的心灵增加负担，夫妻俩决定先不问孩子的成绩，而是装出不在意的样子，用轻轻松松的口气说："今天有你最喜欢看的韩剧，你一会儿看看电视好吗？"随后，在吃晚饭的时候，夫妻二人轮番给女儿夹菜，弄得女儿破涕为笑，家庭的气氛也就变得轻松了。晚饭后，父亲给媛媛削了个苹果，然后对她说："女儿，爸爸给你讲个故事。你一定知道大文豪郭沫若吧？郭沫若小的时候他的一张成绩报告单上写着：语文55分，数学35分。这两门课不及格，能否就证明了郭沫若是一个笨蛋呢？事实上，他后来成了一位文学家。其实，爸爸小的时候考试成绩并不好。记得我给你讲过，我在中小学的成绩是中下水平，大学里的成绩居于中等，读研究生的时候为老师所赏识，从此以后就没有人小看我了。我总觉得，考试成绩并不能说明多少问题，考试考坏了不是什么坏事，这次考坏了，总结一下经验教训，下次可能就考好了。今天，我给你布置一个任务：把考试的事给忘了，尽情地看电视去——这段时间你为了考试都没看电视呢。到明天晚上，爸爸和你一起分析一下这次考试失败的原因，然后制订一个下一阶段的学习计划，好吗？"女儿点着头，脸上露出了笑容。

这家父母的做法是很聪明的。女儿考试没考好，他们没有埋怨和责骂孩子，而是想办法缓解女儿的焦虑情绪，并帮助其寻找原因、制订计划，相信他们的孩子再遇到考试没考好这类事情的时候，一定不会像这次这样焦虑不安了。

远离浮躁，让孩子的心沉淀下来

　　"浮躁"指轻浮，做事无恒心，见异思迁，不安分守己，脾气急躁，总想投机取巧。浮躁是一种情绪，一种并不可取的生活态度。浮躁者对现有目标的专注度不够、耐心度不足，对现有的目标拥有不切实际的想法和希望。

　　有一位社会学家这样说道："浮躁的心态是要不得的，它急功近利，一旦所需要的东西不能实现，便会让人焦躁、烦恼。"浮躁的人会经常处于恐惧、担心、急躁等不良情绪之中，这会危害我们的身心健康，妨碍我们的正常生活，我们必须要重视并加以预防。

　　如今，这种浮躁的情绪在孩子身上也有体现，在某些成长阶段，甚至成为一些孩子的通病。比如，有的孩子看到明星挣大钱，就想学唱歌演戏；看到企业家、经理神气多金，就想当企业家做老板，但又不愿为了实现自己的理想目标忍受学习的辛苦乏味；还有的孩子兴趣转换比翻书还快，干什么事都没有常性，今天学绘画，明天学电脑，三天打鱼两天晒网，"爱好"转瞬即变，最终一事无成。这类孩子一般平时做事情既无准备，又无计划，只凭脑子一热就动手去干，做事也往往不是循序渐进地稳步向前，而是恨不得一锹挖成一眼井、一口吃成胖子，其结果必然是事与愿违。

　　张先生的女儿做起事来很盲目，今天想做这个，过两天又想做那个。

　　女儿听别的孩子说坚持阅读可以提高写作能力，她就吵着父母买课外书，可是爸爸给她把课外书买回来后，她看了没几天就把书扔在一边不看了，说阅读对提高写作能力没有用，不想看书了。

　　女儿听老师说坚持写日记对提高写作能力有帮助，便又动了心，回家后对爸爸妈妈说："我一定要坚持写日记，这样我的作文就可以得高分了。"爸爸妈妈很高兴，于是给女儿买了一个漂亮的日记本，没想到女儿写了一个星期的日记后，就对写日记失去了热情，说没什么可写的。最后，她放弃了写日记……

显然，张先生的女儿被浮躁乱了心，不懂得做每件事都是需要恒心和坚持的，表现为急功近利，不能踏实地坚持阅读和写日记，最后就没有得到想要的收获。

法国启蒙运动的代表人物卢梭曾说过："青少年时期是个狂风暴雨的危险时期。"在浮躁的社会风气中，有些孩子往往心比天高，不能脚踏实地。他们喜欢设计未来、幻想未来，但却不肯脚踏实地地为之拼搏努力，对家长和老师的管教常常有抵触情绪，经常在白日梦中补偿自己成功的心理需求，正是这样的浮躁心理对孩子的生活和学习产生了一系列不良影响。心气浮躁会影响孩子的身体健康，使其生理功能紊乱，严重者则出现睡眠障碍、神经紊乱；急功近利会导致心理紧张、烦恼、易怒，降低注意力；浮而不实则使孩子的学习无法深入，仅局限于表面，直接影响学习成绩。

父母在教育孩子抛弃浮躁心理的时候，应该先找出导致孩子浮躁的原因，然后对症下药，才能从根本上让孩子注重脚踏实地的做事细节，拒绝浮躁心理的影响。具体来说，造成孩子心理浮躁的原因有以下几点：

（1）社会文化环境的影响。高效率的社会，动不动就是畅销读物、排行榜、新奇的标题、离奇的情节、夸张的形式，这让抵抗力还不高的孩子眼花缭乱。在这种娱乐化和感官化的刺激下，便有了只注意表面而不注重内在的风气，他们追求速度和解决方法的捷径，对知识的认知就变得肤浅，根本不愿意去深入研究知识。

（2）家庭的影响。激烈竞争的压力使父母的要求过高，压力和竞争也直接影响着孩子浮躁的性格，竞争促使他们期望快速优化学习成绩，对学习结果认知的错误导致他们适得其反。

（3）还有的孩子缺乏恒心，他们遇到困难就以草草了事来逃避，甚至安慰自己已经学会了，这也是意志薄弱、怕苦怕累的表现，往往是由于孩子在家里过于娇惯而使他们不愿过多投入精力，"浪费"自己的脑细胞。

（4）孩子做其他事情可能就有沉不住气、易冲动的毛病，所以学习上也容易急躁、不踏实。

"非淡泊无以明志，非宁静无以致远。"帮助孩子克服浮躁的情绪对孩子以后的成长具有非常大的作用。睿智的家长在观察孩子的情况之余，更需要严于律己，运用适当的方法帮助孩子克服浮躁心理。

1.引导孩子订计划

孩子浮躁一般是因为没有计划，想做很多事情，却不知道从何处下手。而做好合理的规划则能有效地戒除孩子身上浮躁的毛病。所以家长可以引导孩子为自己的目标订下详细的计划，要求孩子按照自己的计划做事。此外，还应该告诉孩子做事情一定要先树立目标并且有始有终，在孩子每次行动之前，要让孩子养成思考的习惯，如"我要去哪里""我要怎么去""路上会遇到哪些车""还需要准备什么"等。通过引导孩子订计划，让孩子养成良好的生活习惯，改掉浮躁的毛病。

2.要求孩子做事有始有终

让孩子做事有始有终其实也是对其自控能力的培养。由于孩子年龄小，注意力不稳定、自控力较差，做事往往有头无尾，可以从孩子的生活习惯方面入手，先提出小的要求，安排一些不大费力就能完成的任务，久而久之，孩子就会逐步地学会控制、约束自己的行为，去完整地做好每一件事情。

3.培养孩子良好的习惯

浮躁心理很大程度上是平素学习、生活中放松对自己的克制而逐渐形成的。要矫正这种性格缺陷，就必须在日常生活、学习中逐步培养良好的行为习惯。

4.家长调整好心态

对于孩子浮躁的心理，家长要调整好自己的心态，给孩子做一个榜样。家长在教育孩子时要保持平静的心态，不要事事急于求成。这样，在家长的亲身教导下，才能引导孩子树立起耐心和恒心。

学会微笑，把好情绪传给大家

19世纪美国著名的盲聋女作家、教育家海伦·凯勒曾说过这样一句话："我不美丽，也不健康，但我可以给别人带来快乐，因为我在微笑。"没错，微笑是可以跨越一切的"神奇语言"，是人与人相处时最好的表达方式。

每个人都愿意面对一张微笑的脸，看到别人的微笑，我们会觉得别人对自己很友善、和蔼可亲、彬彬有礼。一个会微笑的人，无论走到哪里都是受欢迎的。

在美国，曾经发生过这样一个真实的故事：

美国加州一位6岁的小女孩，在一次偶然的机会中，遇到一个陌生的路人，陌生人一下子给了她4万美元的现款。

一个女孩突然得到这么大金额的馈赠，消息一传出，整个加州都为之疯狂骚动起来。

记者纷纷找上门，访问这个小女孩："小妹妹，你在路上遇到的那位陌生人，你真不认识他吗？他是你的一位远房亲戚吗？他为什么给你那么多钱？4万美元，那是一笔很大的数目啊！那位给你钱的先生，他是不是脑子有问题……"

小女孩露出甜美的微笑，回答说："不，我不认识他，他也不是我的什么远房亲戚，我想……他脑子应该也没有问题！为什么给我这么多钱，我也不知道啊……"尽管记者用尽一切方法追问，仍然无法探个究竟。

这位小女孩努力地想了又想，约莫过了10分钟，她若有所悟地告诉父亲："就在那一天，我刚好在外面玩，在路上碰到那个人，当时我对他笑了笑，就只是这样啊！"

父亲接着问："那么，对方有没有说什么话呢？"

小女孩想了想，答道："他好像说了句'你天使般的微笑，化解了我多年的苦闷！'爸爸，什么是苦闷啊？"

原来那个路人是一个富豪，一个不是很快乐的有钱人。他脸上的表情一直是非常冷酷而严肃的，整个小镇根本没有人敢对他笑。他偶然遇到这个小女孩，对他露出了真诚的微笑，使他心中不自觉地温暖了起来，让他尘封了不知多少年的心扉打开了。

于是，富豪决定给小女孩4万美元，这是他对那时候他所拥有的那种感觉定出的价格。

微笑是世界上最美丽的表情，是世界上最动听的语言。没有什么东西能比一个微笑更能打动人的了。不管是与陌生人，还是熟悉的人，相互微笑是一种礼貌的行为，将微笑常挂脸上，能够给人亲切的感觉，并使人产生愉快的情绪，是彼此重视和尊重的表现。

英国诗人雪莱说："微笑，实在是仁爱的象征、快乐的源泉，亲近别人的媒介。有了笑，人类的感情就沟通了。"确实，微笑可以缩短人与人之间的距离，化解令人尴尬的僵局，沟通彼此的心灵，使人产生一种安全感、亲切感、愉快感。当你向别人微笑时，实际上就是以巧妙、含蓄的方式告诉他，你喜欢他，你尊重他，他是一个受欢迎的人。这样你在给予别人温暖与鼓励的同时，别人也会觉得你是一个有教养的人，进而博得别人的尊重与喜爱。

微笑，虽然只是一个简单的表情，但是很多人可能都做不到。的确，对于成人而言，要养成或改变一种习惯是非常困难的，但是对于成长期的孩子来说就不一样了，这个时期是习惯养成的关键时期，如果在这个时候家长能够教导自己的孩子如何对别人微笑，那么孩子将会因此而受益终身。这种微笑教育可以说是人际交往的一个重要组成部分。

生活是一面镜子，你对着它笑，它也对着你笑。一个微笑面对生活的孩子，总是乐观自信、积极进取的。国外教育学家多罗茜·洛·诺尔特曾说："如果一个孩子生活在批评之中，他就学会了谴责；如果一个孩子生活在敌意之中，他就学会了争斗；如果一个孩子生活在鼓励之中，他就学会了自信……"由此可知，如果一个孩子生活在微笑之中，他自然也就学会了微笑。所以，家长要从小给孩子种下微笑的种子，塑造形象上的亲和力，以此来培养孩子健康的心理和健全的人格。

1.教会孩子如何微笑

"真诚的微笑"是有教养的沟通和交往的标志。也许你的孩子缺乏沟通技巧，拙于人际交往，而"真诚的微笑"一定能够弥补他的某些不足。

周末家里要来客人，妈妈就让上初二的女儿倩倩一起帮忙招呼，并且在客人来之前妈妈再三叮嘱女儿说："待会人家来了，你态度好点，勤快点，脸上别冷冰冰的，知道吗？"倩倩不耐烦地说："我知道了，你都说过多少遍了，待会客人来我一直笑着总行了吧！"不一会儿客人来了之后，倩倩真像她自己说的那样一直笑着，只不过她脸上的笑很僵硬，甚至有点皮笑肉不笑，搞得客人偷偷地问倩倩妈妈："你女儿是不是烦我们到你家啊！"妈妈听到客人的问话非常尴尬，但却拿女儿没办法。

真诚的微笑是发自内心的，而不是皮笑肉不笑。只有真诚的笑才是最自然、最亲切的，因此家长要告诉孩子，不要没笑装笑，更不要强颜欢笑。例如：捂着嘴笑，会让人感觉很不自然；吸着鼻子冷笑，会让人感到阴沉；扬起嘴角来只笑"一半"，会令人感到虚伪。另外，与人交往的过程中，不要假笑、冷笑、怪笑、媚笑、怯笑、窃笑、狞笑等；要始终记住，微笑是给对方展现的一种礼节和尊重，如果不注意程度，则会适得其反了。此外，教会孩子微笑，还应该每时每刻、随时随地进行练习。

2.不要吝啬对孩子微笑

微笑是世界上最美好的语言。生活中，父母首先要做到多微笑，并以此去感染孩子，让孩子在一种和谐友好的氛围中成长。如果父母不能以身作则，不能用微笑表示宽容和友善，那么孩子也就很难养成微笑的良好习惯。

有一位妈妈接自己的女儿放学。在回家的路上，妈妈这样问女儿："教数学的李老师好，还是教语文的张老师好？"女儿回答说："张老师好。""为什么呢？""因为张老师天天对我笑。"

在孩子的心中，只要老师天天有笑脸，就是好老师。因笑而得学生这样高的评价，可见笑的分量。只要对孩子投以微笑，他们就满足了。教育最需要微笑，孩子也需要微笑的老师和家长。父母在教育孩子的过程中，不要把自己的不满写在脸上，而应该用微笑的方式与孩子沟通。

每天早晨醒来，家长都用最灿烂的笑容跟孩子说"早上好"；拥抱孩子的时候，都以最满足的笑容跟孩子说"妈妈爱你"；对于孩子取得的成绩或者付出的努力，都要微笑着表示赞扬和鼓励。微笑会给孩子无限的理解和信任，让孩子感到巨大的热情和愉悦。微笑传达着一份信任与理解，蕴含着一种真诚与关爱，代表了一份支持与赞许，可谓此时无声胜有声！这微笑印在父母的脸上，更融入了孩子们的心中。久而久之，在耳濡目染中孩子也会带着微笑面对现实多彩的生活。所以，请给予孩子微笑的教育，对孩子保持那最真诚、最美丽的微笑吧！

3.教孩子用微笑面对生活

微笑是对生活的一种态度。雨果说过："生活，就是理解。生活，就是面对现实微笑，就是越过障碍注视将来。"不要让孩子吝啬他们的微笑，让他们用微笑来面对生活，用微笑来面对每个人每件事，他们就会看到阳光灿烂，迎接他们的也是一路的欢声笑语。

曾看过这样一个小故事：

百货店里，有个穷苦的妇人带着一个约4岁的男孩在转悠。他们走到一架快速照相机旁，孩子拉着妈妈的手说："妈妈，让我照一张相吧。"妈妈弯下腰，把孩子额前的头发拢在一边，很慈祥地说："不要照了，你的衣服太旧了。"孩子沉默了片刻，抬起头来说："可是，妈妈，我仍然会面带微笑的。"

相信每个读过这个故事的人，都会被小男孩所感动。只有心里有阳光的人，才能感受到现实的阳光，如果连自己都常苦着脸，那生活如何美好？

人生在世，痛苦和挫折在所难免，从小善于微笑的孩子，长大以后必然会用微笑的态度对待生活，用幽默的态度对待遇到的一切困难。所以，我们应教会孩子用积极的态度对待生活，用微笑去面对。

不再害羞，让腼腆的孩子变得落落大方

害羞是人类的一种情感，是人类的一种天性，几乎每个人都经历过，这是非常正常的，只是害羞的程度和时间的长短不一样罢了。有的人到成年以后还摆脱不了害羞，以至形成"对人恐惧症"，所以应该重视孩子的害羞体验和行为。如果父母对孩子的害羞不当回事，那害羞将有可能伴随孩子终身。

玲玲是个很害羞的小姑娘，已经上小学了，却依旧怯怯懦懦的，从来没有勇气说出自己的想法。上课时，其他小朋友都是踊跃回答问题，唯有她总是一言不发。老师叫她起来回答问题的时候，她慢吞吞地站起来，满脸通红，说话的声音小得像蚊子。当老师让她再回答一遍的时候，她却哭了。

在学校里这样，在家里也是如此。这年春节，玲玲的家里来了好多客人，她的小脸涨得红红的，一个劲儿地往妈妈身后躲，要不就是低着头玩手指头不说话；到亲朋好友家拜年，如果让她唱歌、跳舞和讲故事，她总是低下头，紧张得半天开不了口。

即使在院子里和小朋友们一起玩，玲玲也是最不起眼的那个，别人安排她做什么，她就做什么。玲玲的爸妈工作都很忙，平时与孩子在一起的时间较少，面对她表现出来的种种害羞，他们非常着急，却又根本不知道怎么办。他们无数次地说道："玲玲长大该怎么办啊？这么胆小的孩子，根本什么也做不了！"

玲玲爸爸妈妈的担心不无道理。在我们的身边，有很多这样害羞的女孩，她们不愿意主动与人交流，不愿意在公共场合出现。

害羞心理，是孩子与他人交往的"绊脚石"。一般来说，害羞的孩子不太爱表现自己，不善于主动和别人进行沟通，与人相处时也会显得比较拘谨。这样，孩子就会失去很多与人交往的机会，久而久之，孩子的社交圈子就会变小，很容易就会体会到与人相处的挫败感，进而产生社交恐惧心理。所以，家长一定要帮助孩子克服害羞心理，迈出与人相处的第一步。

乐乐是害羞的小男孩，不敢与人交往，有时虽然特别想和小朋友一起玩游戏、参加集体活动，可就是鼓不起勇气。平时只要在很多人面前说话，脸就会涨得通红。

有一次，妈妈带着乐乐去公园玩，路上遇到了妈妈的好朋友。妈妈让他跟阿姨说话，可他却害怕地躲到妈妈身后，低着头一句话也不说。

妈妈就说："乐乐，快叫阿姨，这是妈妈上学时最好的朋友。"乐乐憋了半天还是没说一句话，脸还涨得通红。妈妈的朋友急忙说："算了，孩子还小，别为难孩子了。""乐乐，你多没礼貌呀，让你叫阿姨，你怎么不叫呀。"乐乐看着妈妈严肃的样子，眼里含着泪水，小声叫道："阿姨好。"

为了帮助乐乐克服羞涩的毛病，老师决定让他参加学校的诗歌朗诵比赛。这对别的学生来说是一种荣誉和欢欣，但对于乐乐来说，简直是在承受一种磨难。从被选定到参加朗诵比赛的一个星期，乐乐经常脸红心跳、冒冷汗。虽然他比赛那天登上了讲台，但却紧张得昏倒了，清醒过来时已躺在医院的病床上。

诚然，乐乐的事例也许只是一个特殊的个案。但如果一个孩子过于内向、特别害羞也会影响到他将来的发展。

害羞的本质就是一种不自信。它会阻碍孩子交朋友，有碍学习进步和自尊心的确立，也会降低心理适应能力。害羞的孩子通常会神经过敏、疑惑不安、孤单、沮丧以及难交朋友。所以，家长要想办法帮孩子克服害羞的弱点。

1.让孩子多和别人相处

欣欣是个性格比较内向的小姑娘，上课的时候其他的同学都踊跃地回答问题，但是她不敢，老师若是提问她，她也总是低下头，声音很小地回答。平时家里来了客人，欣欣也总是躲到自己的房间里去。

看到女儿这么害羞，妈妈就鼓励女儿多结交朋友，并有意识地带女儿去朋友家做客，增加女儿与他人相处的机会。这天，妈妈带着欣欣去朋友家里做客，当然，妈妈专门找家里有孩子的朋友，同龄的孩子之间毕竟容易沟通一些。

刚开始妈妈发现欣欣还是显得很拘谨，不知该怎么办才好。于是妈妈就让她和朋友的孩子一起去别的房间玩。过了一会儿，就从别的房间传来两个孩子欢快的笑声。

妈妈觉得初战告捷，通过努力和尝试，女儿一定会渐渐地从害羞的阴影下走出来。

对害羞的孩子来说，父母可以鼓励他多与别人交往，但是不能强迫。一般来说，和年龄比较小的小伙伴在一起，孩子就不会觉得受拘束，容易交往，危险感也比较少，因为自己较大，又增加了自信心，感到安全、自在。慢慢地，父母可以有意识地多多增加孩子与外人接触的机会，比如：常带孩子去亲戚、朋友家做客，常带孩子去公园、超市等人多的地方；安排孩子参加一些集体营地活动；安排孩子与其他的小朋友一起进行游戏、郊游等活动。

2.发掘孩子的潜力

有一位母亲一直为她12岁的漂亮女儿担心。她总是很害羞，几乎没有要好的朋友，但是她很热心，能友好地对待比她小的孩子，而且还是班上最出色的孩子之一。母亲利用她的这一优势，鼓励她给邻居的小孩做家教。很快女孩就开始热心地主动帮助其他的小朋友了。她的出色表现赢得了小朋友对她的敬佩，同时也增强了她的自信。

无论多么害羞的孩子，都有一定的潜力。他们尤其需要特别的帮助，以克服羞怯的心理。这就要求家长不断地发掘孩子的潜力。

3.多给孩子以鼓励

害羞的孩子总是会否定自己，觉得自己什么地方都不如别人，对于他人给自己的负面评价也比较敏感，而且也特别在意。所以，对于害羞的孩子，父母应当给予更多的鼓励和呵护。

丹丹性格内向，有时候，妈妈为了让丹丹主动跟熟人打招呼，总是努力挣脱开她的牵拉。但妈妈的这一举动，立刻就会使丹丹非常紧张，整个人都变得面红耳赤。有一次，妈妈在电梯里碰上了邻居张爷爷，妈妈就把丹丹推到前面来说："问张爷爷好。"丹丹就使劲挣扎，努力往妈妈背后走。

无奈的妈妈只好一边尴尬地笑笑，一边解释道："这个孩子就是这样，特别害羞。"一边又转身再次用力把丹丹拖到自己的面前来，大声说："出来啊，扭扭捏捏的干什么！"突然间，丹丹委屈地哭了起来，让妈妈更尴尬了。

事实表明，对待害羞的孩子，批评只会瓦解孩子的自信，让孩子更加无所适从。每个孩子都希望得到别人的肯定和表扬。羞怯的孩子更需要，他们本身就自责，缺乏勇气，在做某件事之前，预见的是自己不行。如果这时给他一些鼓励，增加他的勇气，他会把事情办得很好。